Karl-Friedrich Wessel,
Olaf Scupin, Gerd Bekel,
Thomas Diesner (Hrsg.)

Selbstsorge
Wissenschaftstheoretische und
gesundheitspolitische Dimensionen

Berliner Studien zur
Wissenschaftsphilosophie
und Humanontogenetik

Herausgegeben von
Karl-Friedrich Wessel

Band 22

Schriftenreihe des Projektes Humanontogenetik
der Philosophischen Fakultät IV an der
Humboldt-Universität zu Berlin und
der Gesellschaft für Humanontogenetik e.V.

Karl-Friedrich Wessel,
Olaf Scupin, Gerd Bekel,
Thomas Diesner (Hrsg.)

Selbstsorge

Wissenschaftstheoretische und gesundheitspolitische Dimensionen

Kleine Verlag • Bielefeld

Bibliografische Information Der Deutschen Nationalbibliothek

Die Deutsche Nationalbibliothek verzeichnet diese Publikation
in der Deutschen Nationalbibliografie; detaillierte bibliografische Daten
sind im Internet über **http://dnb.d-nb.de** abrufbar.

Alle Rechte vorbehalten.
© 2007 Kleine Verlag GmbH
Postfach 10 16 68
33516 Bielefeld

Das Werk einschließlich aller seiner Teile ist urheberrechtlich geschützt.
Jede Verwertung außerhalb der engen Grenzen des Urheberrechts-
gesetzes ist ohne Zustimmung des Verlags unzulässig und strafbar. Dies
gilt insbesondere für Vervielfältigungen, Übersetzungen, Mikrover-
filmungen und die Einspeicherung und Verarbeitung in elektronischen
Systemen.

Herstellung: Kleine Verlag GmbH
Printed in Germany

Dieses Buch ist aus säurefreiem Papier hergestellt und entspricht den
Frankfurter Forderungen zur Verwendung alterungsbeständiger Papiere
für die Buchherstellung.

ISBN 978-3-89370-428-6

Inhaltsverzeichnis

Karl-Friedrich Wessel, Olaf Scupin, Gerd Bekel, Thomas Diesner
Vorwort 7

Hedwig François-Kettner
Eröffnung 9

Karl-Friedrich Wessel
Selbstsorge aus philosophischer und
humanontogenetischer Sicht 12

Ulrike Richert
Koordination zwischen den beiden
Berufsgruppen Pflege und Medizin 21

Gerd Bekel
Selbstsorge als zentraler Gegenstand des Pflegediskurses 25

Marianne Rabe
Fürsorge und Selbstsorge als ethische Grund-
orientierungen der Pflege 35

Monika Lehmann
Hintergründe zum Verständnis von
Migranten im Pflegeprozess 48

Martin W. Schnell/Anika Mitzkat
Die Ambivalenz der Selbstsorge zwischen Ethik und Macht 56

Olaf Scupin
Die Ausdifferenzierung der Pflegeberufe als Voraussetzung für
eine Professionalisierung der gesellschaftlichen Leistung Pflege 65

Hans Nehoda
Prozessanalysen als Instrument interdisziplinärer und
berufsübergreifender Zusammenarbeit.
Ein Praxisbeispiel aus dem Krankenhaus in Meran 75

Claus Bölicke
Selbstsorge und Selbstsorgedefizit im Rahmen der Pflegediagnostik mit dem Resident Assessment Instrument (RAI) 97

Jörg Schulz
Zur Notwendigkeit der rehabilitativen Pflege –
Versuch eines Beitrages zur Überwindung des Kompetenzstreites
zwischen Rehabilitationsfachkräften und Pflegenden 111

Thomas Diesner
Rundtischgespräch (Zusammenfassung) 124

Ingmar Flüs
Kommentar 129

Gabriele Ellwanger
Anmerkungen 135

Autorenverzeichnis 137

**Karl-Friedrich Wessel, Olaf Scupin,
Gerd Bekel, Thomas Diesner**

Vorwort

Die Tagung, deren Beiträge in diesem Band versammelt sind, fand am 1. und 2. September 2006 in Berlin, im Senatssaal der Humboldt-Universität zu Berlin unter den Linden statt. Es war und ist die Absicht der Veranstalter mit dem gewählten Thema »Selbstsorge« einen Beitrag zur Entwicklung der Pflegewissenschaft zu leisten. Damit verbunden ist die ständige Beachtung des Verhältnisses von Theorie und Praxis einschließlich aller Beziehungen zur sozialen Realität.

Dieser Versuch ist gewiss nur einer von vielen, aber kein zufälliger und geschichtsloser. Humanontogenetische Konzepte schließen, einmal darauf aufmerksam gemacht, die Pflege als ein wichtiges Phänomen sowohl der phylogenetischen, wie auch der ontogenetischen Entwicklung mit ein. Pflege ist sowohl eine Voraussetzung für Entwicklung, wie auch ein Bedürfnis menschlichen Daseins. Dies genauer zu verfolgen, auch im Verhältnis zur Medizin bzw. der Gesundheitsdebatte überhaupt, ist äußerst reizvoll.

Die Dimensionen der Beschäftigung mit dieser Thematik sind äußerst vielfältig. Im Mittelpunkt der Bemühungen, die kontinuierlich durch »Berliner Tagungen« fortgesetzt werden sollen, stehen die Entwicklung von theoretischen Konzepten in der Pflegewissenschaft und ihre Auswirkungen auf die Aus- und Weiterbildung in den Pflegeberufen. Letzteres unter Einbeziehung aller interessierten Personen aus den verschiedenen Ebenen der professionellen Pflege.

Die Berliner Bemühungen, wir schränken uns hier auf die humanontogenetische Sicht ein, haben schon eine kleine Vorgeschichte und ein geistiges Umfeld. Die unmittelbare Vorgeschichte beginnt mit einer Tagung am 23. Februar 2000 in Berlin[1] und setzt sich fort bis heute.[2] Das günstige Umfeld besteht in einer jahrzehntelangen Zusammenarbeit des damaligen Bereichs für Philosophische Probleme der Naturwissen-

---

1 Zeitschrift für Humanontogenetik (2001). Heft 1/2001. Bielefeld: Kleine Verlag.
2 U.a. in der Zusammenarbeit mit der FHS Jena, dem Institut für Pflegediagnostik und Praxisforschung GbR (ifpps), dem Institut für Grafik und Design in Anklam und durch die Humanontogenetischen Kolloquien.

schaften und des späteren Instituts für Philosophie und Humanontogenetik mit Medizinern der verschiedenen Disziplinen.[3] Es wird gegenwärtig weiter gepflegt durch das Projekt Humanontogenetik an der Philosophischen Fakultät IV der Humboldt-Universität zu Berlin.

Es verwundert vielleicht, dass das medizinische Umfeld auf der Tagung, die wir hiermit dokumentieren, so wenig zum Tragen kommt, aber die Herausgeber sowie die Mitveranstalter sind sich bewusst, dass zunächst ein »innerer« Disput im Vordergrund stehen sollte. Die Einheit von Medizin und Pflege wird sich ohnehin genau dann aufdrängen, wenn die Pflegewissenschaft eine notwendige Etappe der Selbstbehauptung hinter sich gebracht haben wird.

Wir veröffentlichen die Beiträge in der Abfolge unserer Tagung, einschließlich des Beitrages von Frau Ulrike Richert, die aus krankheitsbedingten Gründen nicht teilnehmen konnte, aber ihren Beitrag einreichte. Die Anmerkungen und Kommentare, welche uns nach der Tagung erreichten, werden als Anhang beigefügt. Das von Ulrike Bürger moderierte Rundtischgespräch können wir aus technischen Gründen nicht vollständig wiedergeben, es wurde aber dankenswerterweise von Herrn Thomas Diesner zusammengefasst.

Wir sind den Mitveranstaltern, den Referenten und den Teilnehmern dankbar und fühlen uns ermutigt, mit den Tagungen, die wir regelmäßig stattfinden lassen wollen, ein Diskussionsforum für alle Interessierten zu schaffen.

---

3 Berliner Studien zur Wissenschaftsphilosophie und Humanontogenetik. Hrsg. v. Karl-Friedrich Wessel. Bd. 1, Bd. 3, Bd. 9, Bd. 16, Bd. 19. Bielefeld: Kleine Verlag.

Hedwig François-Kettner
Eröffnung

Sehr geehrte Damen und Herren, sehr verehrter Herr Prof. Wessel, verehrte Gäste, es ist mir eine große Freude das heutige Humanontogenetische Kolloquium zu eröffnen. Das Thema des Kolloquiums »Selbstsorge«, welches uns wissenschaftstheoretische und gesundheitspolitische Dimensionen aufzeigen wird, ist deshalb von besonderer Bedeutung, weil unser gesellschaftlicher Auftrag einer patientenorientierten Pflege eine besondere Herausforderung in der heutigen ressourcenbegrenzten Zeit ist.

Zunächst habe ich die ehrenwerte Aufgabe, Sie alle herzlich zu begrüßen: die Fachhochschule Jena, das Deutsche Herzzentrum Berlin, das Institut für Pflegediagnostik und Praxisforschung Cloppenburg, Mitglieder des Deutschen Pflegerats mit dem Deutschen Berufsverband für Pflegeberufe, das Institut für Designtechnologie Anklam, Fachredaktionen und Fachverbände, Schulen und Weiterbildungseinrichtungen, Studenten und Mitwirkende in Fachhochschulen und Universitäten, kurz gesagt Sie alle.

Die Thematik, die von den Veranstaltern der Humboldt-Universität zu Berlin und der Gesellschaft für Humanontogenetik e.V. dieses Mal gewählt wurde, ist vor allem deshalb eine sehr große Herausforderung an alle Akteure in den Praxisfeldern, weil dem Anspruch auf »versorgt« werden und wünschenswerter Pflegeleistungen im Betreuungsfall eine Ideologie der umfassenden Versorgung zugrunde liegt, mit der viele von uns in der Pflegeausbildung gestartet sind. Der Begriff der Selbstpflege geht im Pflegekontext auf Dorothea Orem zurück, die ihn erstmalig 1959 in einem Entwurf für ein Pflegecurriculum veröffentlichte. Die daraus hervorgegangene an Ressourcen des Patienten orientierte Theorie der Selbstpflege fand große Verbreitung. Speziell in den vergangenen 10 bis 15 Jahren wurde Orem zum Begriff in der Fachszene. Nach ihr hat jeder Mensch ein eigenes Interesse, einen eigenen Willen und eigene Fähigkeiten, sich selbsttätig um eine zufriedenstellende Lebensweise zu kümmern. Mit Selbstpflegedefizit beschreibt Orem den Sachverhalt, in dem Bedürfnisse größer sind, als die Fähigkeiten sich zu helfen. Mit den verschiedenen Formen im Pflegehandeln, von vollständig kompensatorisch (Handeln an Stelle des Pflegebedürftigen), über teilweise kompensatorisch und unterstützend bis zu den unterweisenden Pflegeleistungen werden die notwendigen individuellen Inhalte unseres

Pflegehandelns charakterisiert. Zwischen Selbstpflegefähigkeiten und Selbstpflegedefizit liegen viele Nuancen und Formen des Pflegehandelns, die über Unterstützung bis zu vollkommener Übernahme der Pflegeleistungen die Professionalität ausmachen und die entscheidend dafür sind, welcher handlungsorientierte Tiefegrad an Angeboten gemacht werden kann.

In diesen beiden Tagen sind hochkarätige Spezialisten hier anwesend, die intensiv in diesem Themenfeld geforscht und gearbeitet haben. Mit der intensiven Befassung werden wichtige Grundlagen einer Pflegetheorie reflektiert und für die gesundheitspolischen Argumentationen in einen Kontext gestellt. Die Arbeit im pflegediagnostischen Prozess und die sichere Herauskristallisierung situativer Problematiken bei unseren zu versorgenden Patienten bietet Möglichkeiten, mit gezieltem Wissen und den zur Verfügung stehenden Mitteln den Praxisalltag zu bewältigen. Im Spannungsfeld zwischen Handlungsanspruch und den Möglichkeiten, die mit Ressourcenkürzungen einhergehen, werden kreative Problemlösungen im Praxisbereich für die heutigen Diskussionen von großem Nutzen sein.[1] Dies ist nicht zu verwechseln mit der Zurückweisung von Verantwortung oder der Abkehr von der Individualität der zu versorgenden Patienten. Vielmehr wird darauf Wert gelegt, alle Potenziale herauszukristallisieren und sie mit den Patienten anzuschauen, zu thematisieren und ihn in den Prozess der professionellen Pflege und Selbstpflege einzubeziehen, bzw. ihn dazu anzuregen oder ggf. zu unterstützen.

Ich freue mich, Ihnen über ein Projekt an meiner Einrichtung berichten zu können, nämlich die Grundlagenerarbeitung für eine elektronische Patientenakte, welche die Selbstsorge in ihrer theoriebasierten Ausrichtung beinhaltet. Hier soll die gesamte Dokumentation mit ihren Anforderungen so aufgebaut werden, dass das Pflegepersonal für den diagnostischen Prozess unterstützende Elemente erhält, die ohne zusätzlichen Dokumentationsaufwand die Kernleistungen und deren Verlauf aufzeigen. Die bisherige Befassung mit der Thematik hat uns gezeigt, dass bereits im Vorfeld Klärungsprozesse wie »Was ist die Pflegetheorie an unserer Klinik, auf welchen normativen und strategischen Vorgaben haben wir uns verständigt und wie wird die Methodenkompetenz auf der

---

1 DKG 2005: 1980 wurden 1000 Patienten durch 20,6 Pflegepersonen versorgt, 2003 waren es 18,5; eine erweiterte Umfrage der BALK zeigt im Jahr 2005 nur noch 16,4 Pflegepersonen für 1000 Patienten auf:
Deutsche Krankenhausgesellschaft (2005). Zahlen, Daten, Fakten.
Bundesarbeitsgemeinschaft leitender Pflegepersonen BALK 2006:
Diplomarbeit Maier, Julia.»Das Ende der Konvergenzphase und die Auswirkungen auf die stationäre Versorgung«.

operativen Ebene sichergestellt?« stattfinden sollten. Die Aussagen, die unser kürzlich verabschiedetes Leitbild beinhaltet und die Pflege, die unsere Patienten erleben, müssen zu einer Einheit verschmelzen. Hier ist viel zu tun und wir haben noch viele Aufgaben zu bewältigen. Die Grundlagen unserer Vorstellungen sind auch in die Dokumentation einzubetten. Von daher ist der jetzige Diskurs von besonderer Bedeutung. Unsere Berater empfehlen, klare und formale Strukturen im Praxisalltag zu schaffen, die Kompetenzregelungen und Verantwortungsberichte, wie auch Entscheidungsmöglichkeiten regeln. In diesem Zusammenhang sind Abgrenzung von Kompetenzbereichen und Entwicklung von pflegespezifischen Funktionen neu zu ordnen, auch unter dem Gesichtspunkt »Delegation von Tätigkeiten« bzw. »Verantwortungsübernahme«. Das Thema dieser beiden Tage ist deshalb für meine Kolleginnen und Kollegen, die heute und morgen hier sein können von außerordentlicher Bedeutung.

In diesem Sinne wünsche ich allen viele kreative Ideen und Erkenntnisse aus den Vorträgen und der Veranstaltung einen spannenden Verlauf.

Literatur

Wied, S., Warmbrunn, A. (Bearb.) (2003). Pschyrembel Wörterbuch Pflege. Berlin, New York: de Gruyter.

Karl-Friedrich Wessel

Selbstsorge aus philosophischer und humanontogenetischer Sicht

Der Begriff »Selbstsorge« führt ein merkwürdiges Dasein. In vielen Wörterbüchern ist er nicht enthalten. Das Grimmsche Wörterbuch hält im Vergleich zu dem Begriff der »Fürsorge« für die »Selbstsorge« nur wenige Zeilen vor. Der Brockhaus vermeidet ihn gänzlich und ebenso wenig finden wir ihn in vielen psychologischen, psychiatrischen und philosophischen Wörterbüchern. Merkwürdig ist dies, weil sich das Wort »Selbstsorge« so selbstverständlich in unser Sprechen über Lebensumstände und Lebensprozesse einfügen lässt. Selbst im philosophischen Sprachgebrauch ist es auffindbar, aber dies zumeist ganz unspezifisch und vielfältig interpretierbar bzw. wandelbar. Dies ist eine gute Voraussetzung dafür, dass das Wort »Selbstsorge« eine zentrale Kategorie in der Pflegewissenschaft werden kann. »Selbstsorge« wäre dann ein ganz allgemeiner und zentraler Begriff der Pflegewissenschaft. Dieser Gedanke liegt nahe, weil Wege dahin bereits beschritten worden sind. In dem »Wörterbuch Pflege« (Wied, Warmbrunn 2003) wird der Begriff »Selbstpflege« als Synonym zur »Selbstsorge« relativ ausführlich beschrieben. Allerdings verweist die Benutzung des Begriffs »Selbstsorge« als Synonym zur »Selbstpflege« darauf hin, wie weit der Weg zur konsequenten Nutzung der Kategorie »Selbstsorge« noch ist. Ich komme darauf noch einmal zurück. Dass der Begriff »Selbstpflege« für die Pflegewissenschaft von fundamentaler Bedeutung ist, muss nicht betont werden. Frau Orem hat hier Wesentliches geleistet. Für entscheidend halte ich die Unterscheidung von ontogenetischer und krankheitsbezogener Pflege und die Betonung von Selbstpflegebedürfnissen. Nur auf dieser Basis können Defizite in der Selbstpflege benannt werden. Die Missverständnisse und darauf aufbauende Kritiken sind vielfältig. Die Diskussion darüber wird fortgeführt werden müssen. Aber das ist nicht mein Feld, ich überlasse es gern den Fachleuten.

Bevor ich zu meinem Anliegen komme, muss ich meine Bemerkungen zu dem Gebrauch oder auch Nichtgebrauch des Wortes »Selbstsorge« ergänzen. Das Fehlen des Stichwortes »Selbstsorge« in gewichtigen Nachschlagewerken belegt keineswegs, dass die Inhalte, die mit dem Begriff »Selbstsorge« verbunden sind, wenn er denn als solcher benutzt wird, nicht berücksichtigt würden. Der Begriff »Selbst« wird in vielen philosophischen und psychologischen Konzepten umfänglich behandelt. Über viele Konzepte hinweg möchte ich das »Selbst« als die bewusste Wahrnehmung der eigenen Psyche und des eigenen Körpers sowie deren existentielle, also sowohl die natürliche wie die soziale und geistige Umgebung, bezeichnen. Das »Selbst« verweist immer auf das Individuum und auf die Anderen, weil es nur so bestimmt werden kann. Es enthält natürlich viele Implikationen, die sich in den bekannten Begriffen wie »Selbstkonzept«, »Selbstwahrnehmung«, »Selbstwertgefühl«, »Selbstbeachtung«, »Selbstbestimmung«, »Selbstbewusstsein«, aber auch in Begriffen wie »Selbstgerechtigkeit« und »Selbstliebe« widerspiegeln. Nur zwei Implikationen möchte ich ein wenig verfolgen:

Erstens den Verweis auf das Individuum, welches dieses »Selbst« entwirft, sich aneignet, es verliert oder gewinnt, dies mit einigen Umwegen und mit einem offenen Ausgang.

Zweitens möchte ich den Begriff der »Selbstsorge« noch etwas vertiefen und auf seine zentrale Rolle verweisen.

Zum ersten Punkt muss ich ein wenig ausholen und einen scheinbaren Umweg gehen.

In seiner berühmten Arbeit »Die Geburt der Klinik« (1976), in der die Entstehung der modernen Medizin beschrieben wird, schreibt Foucault:

»Damit die klinische Erfahrung als Erkenntnisform möglich wurde, bedurfte es einer Reorganisation des ganzen Spitalbereichs, einer neuen Definition der Stellung des Kranken in der Gesellschaft und der Herstellung eines bestimmten Bezuges zwischen der Fürsorge und der Erfahrung, zwischen dem Helfen und dem Wissen; man mußte den Kranken in einen kollektiven und homogenen Raum stellen.« (Foucault 1976, 206)

Der wissenschaftliche Diskurs erforderte

»… eine unbedingte Treue gegenüber den Nuancierungen der Erfahrung … man macht sichtbar, indem man sagt, was man sieht; man musste die Sprache auf jenem anscheinend sehr oberflächlichen, in Wirklichkeit aber tiefen Niveau ansiedeln, auf dem die Beschreibungsformel zugleich Enthüllungsgeste ist. Und die Enthüllung machte ihrerseits den diskursiven Raum des Leichnams zur Ursprungs- und Manifestationsebene der Wahrheit: das entschleierte Innere.« (ebd., 207)

Die anatomisch-klinische Methode »… bildet die historische Bedingung einer Medizin, die als positive Medizin gilt« (ebd.). Das scheint weit hergeholt. In Wirklichkeit registriert Foucault einen tiefen Einschnitt in das medizinische Denken, welcher nur zu gern übersehen wird. Foucault hebt ganz klar hervor, worauf es ihm ankommt:

> »Die Krankheit löst sich von der Metaphysik des Übels, mit der sie jahrhundertelang verbunden war, und findet in der Sichtbarkeit des Todes die adäquate Form, in der ihr Gehalt positiv erscheint. Solange die Krankheit im Bezugsrahmen der Natur gedacht wurde, war sie das unangebbare Negative, dessen Ursachen, Formen und Manifestationen nur auf Umwegen und vor einem sich ständig verschiebenden Hintergrund zu erfassen waren; im Bezugsrahmen des Todes wahrgenommen, wird die Krankheit erschöpfend lesbar und sie öffnet sich restlos der sezierenden Tätigkeit der Sprache und des Blicks. Weil der Tod in die medizinische Erfahrung epistemologisch integriert worden ist, konnte sich die Krankheit von ihrem Status als Gegen-Natur befreien und sich im *lebenden Körper* der Individuen *verkörpern*.« (ebd.)

Vielleicht muss unterschieden werden zwischen einer »positiven« und einer »modernen« Medizin. Mit der »positiven« Medizin ist Krankheit »erschöpfend lesbar«, weil der Tod integriert worden ist. Die Endlichkeit des Lebens ist kein zu bekämpfender Zustand der Medizin. Davon hat eine jede Medizin auszugehen. Wieweit sie sich allerdings in der Gegenwart als moderne Medizin dieser Positivität stets bewusst ist, steht auf einem anderen Blatt. Die epistemologische Integration des Todes in die medizinische Erfahrung kann ja auf vielen Wegen rückgängig gemacht oder eingeschränkt werden. Die Vernachlässigung der ganzheitlichen Betrachtung des Menschen wäre ein solcher Weg. Vielleicht liegen hier auch Antworten auf die Frage verborgen, warum viele Mediziner der Pflegewissenschaft, damit auch der Pflege gegenüber so außerordentlich zurückhaltend sind. Diese Frage kann ich hier nicht verfolgen. Es geht vielmehr um eine Folgerung, die Foucault so formuliert:

> »Es ist von entscheidender und bleibender Bedeutung für unsere Kultur, dass ihr erster wissenschaftlicher Diskurs über das Individuum seinen Weg über den Tod nehmen musste.«

Und weiter heißt es dann:

> »Um ... zum Gegenstand der Wissenschaft zu werden, ... musste sich der abendländische Mensch seiner eigenen Zerstörung stellen; ... aus der Einfügung des Todes in das medizinische Denken ist eine Medizin geboren worden, die sich als Wissenschaft vom Individuum präsentiert.« (ebd.)

Konsequenter geht es nicht. Das Sinnhafte fände endlich im Tod das Gesetz seines Diskurses. Es steht ganz außer Frage, dass die Medizin eine überragende Bedeutung für die Konstituierung der Wissenschaft vom Menschen hat, wie Foucault meint.

Ich bin mir sicher, dass Foucault das Phänomen der Pflege mit einbezogen hat. Wenn dem so ist, ergibt sich die Frage, worin der Unterschied zwischen Medizin und Pflege eigentlich besteht. Zweifelsohne ist die Pflege mit der Medizin aufs engste verwoben. Erst und nur dann, wenn sie sich ihrer erkenntnistheoretischen und gegenständlichen Einheit mit der Medizin bewusst ist, macht die Betonung des Unterschieds einen Sinn. Die Pflege hat eine ebenso große Bedeutung für die Konstituierung der Wissenschaften vom Menschen wie die Medizin. Das klingt merkwürdig, hat doch bisher die Pflegewissenschaft nicht darauf bestanden, eine solche Wertung zu besitzen. Genau dies hat die Pflegewissenschaft noch herauszuarbeiten und zwar ganz wörtlich, herauszuarbeiten aus der Medizin. Die Bedeutung der Pflege ist verdeckt durch die Einheit von Medizin und Pflege. Verzeihen sie mir, wenn ich Unrecht haben sollte. Dennoch möchte ich mir einen Hinweis erlauben, für den ich den ganzen Aufwand betrieben habe.

Ich komme zurück auf den Begriff der »Selbstsorge«. Er verweist nicht nur auf das Individuum in seiner Begrenztheit durch den Tod, sondern auch auf die Vielfalt in diesen Grenzen und damit auf die Logik des Endes, des Todes. Medizin wie Pflege sind nicht gegen den Tod gerichtet, ich meine hier den natürlichen ontogenetischen Tod, sondern auf die Wahrnehmung aller Möglichkeiten des Lebens. Wenn Foucault meint, die Medizin habe ihren bestimmenden Platz in der Gesamtarchitektur der Humanwissenschaften, weil keine andere die sie tragenden anthropologischen Strukturen so nahe sei, dann liegt es im Horizont der Pflegewissenschaften, diesen Platz mit der Medizin zu teilen. Und hier setzt die Bedeutung des Begriffs der »Selbstsorge« ein. Er betont auf dem Hintergrund des Begriffs der Individualität, die Selbstreflexion über das eigene Ich. Die Sorge des Individuums über und um sich ist einerseits ganz abhängig von der ontogenetischen Entwicklung und andererseits von der Qualität der Wahrnehmung, zu der ein Individuum fähig ist. Die »Selbstsorge« bestimmt das Niveau der »Selbstpflege«, ist aber nicht mit ihr identisch. Ich würde daher vorschlagen, »Selbstsorge« und »Selbstpflege« nicht als Synonyme zu behandeln und dennoch beide als Kategorien der Pflegewissenschaft zu etablieren. Die Dialektik dieser Kategorien ist ein ganz eigenständiger Bereich der Pflegewissenschaft. Sie hat die Struktur der Selbstsorge des Kranken zu erschließen, um Strategien für den Pflegeprozess abzuleiten usw. So hängt beispielsweise die Bewertung und Annahme von professioneller Pflege von der Qualität der Selbstsorge des Individuums, diese wiederum vom Werdegang des Individuums in einer bestimmten Umgebung ab. Wobei eine schwach ausgeprägte Selbstsorge durchaus einem hohen Anspruch an professioneller Pflege, also Fremdpflege, entsprechen kann oder eine fast regelmäßige Folge ist. Ohne es weiter auszuführen, wird vielleicht deutlich, dass hier ein Gegenstandsbereich liegt, der die Medizin ergänzt, aber nicht selbst Medizin ist. Der Grad der Selbstsorge und die sich daraus ergebende Selbstpflege können sehr wohl bei identischen Krankheitsbildern ganz unterschiedlich sein, was ja eine identische Grundversorgung nicht ausschließt. Es ist nicht ausgeschlossen, dass die ärztlichen Vorgaben zur Randbedingung und die pflegerischen Leistungen zum Grund der Gesundung werden. Dass sich solche Phänomene der allseits beliebten Standardisierung und Formalisierung entziehen, möchte ich hier ausdrücklich betonen, wenn ich auch nicht darauf eingehen kann. Aber ich schließe nicht aus, dass sie mir zustimmen, wenn ich behaupte, dass Standardisierung und Formalisierung Verantwortung und Hierarchien nivellieren können.

In einem zweiten Punkt möchte ich noch eine andere Sichtweise auf die Selbstsorge verfolgen, indem ich die Vorsorge einbeziehe. Die Begriffe »Vorsorge« und »Fürsorge« haben ein ähnliches Schicksal wie der Begriff der »Selbstsorge«. Ich möchte den ausgesprochenen Gedanken der unterschiedlichen Qualität der Selbstsorge noch einmal aufnehmen und zwar hinsichtlich der notwendigen Unterscheidung von »Selbstsorge« und »Selbstpflege«. Die Selbstreflexion, die zur Qualität der Selbstsorge und dann auch zu den Ansprüchen der Pflege führen, wird in der Menschengemeinschaft merkwürdigerweise bei aller Betonung der Individualität nivelliert. Die Selbstsorge ist Ausdruck der Entwicklung eines Individuums. Wenn die Ordnung der inneren Angelegenheiten Souveränität ist, dann kann sich die Selbstsorge nur auf diese Ordnung beziehen. Also muss ich, bevor überhaupt die Pflege einen Grund und ein Ziel erhält, wissen, warum ein Individuum sich zu sorgen weiß. Diesen anthropologischen Zugang brauchen wir, um die Qualität der Pflege bestimmen zu können. Die Pflegewissenschaft steht vor der Aufgabe, der Nivellierung der Begriffe der »Selbstsorge« und der »Selbstpflege« entgegenzuwirken.

Einen Zugang zur Lösung dieser Aufgabe, wirklich nur einen, wenn ich auch meine, einen wesentlichen, gibt Heidegger an. Er unterscheidet zwischen »Man-selbst-Sein« und »Ich-selbst-Sein«. Im »Man-selbst-Sein« ebnet der Mensch sich ein, er macht sich gemein, sein Selbst erreicht das Gefühl des Menschseins, aber dies unter Aufgabe des Ichs. Der Mensch beraubt sich der Fähigkeit das Selbst zu finden, was zur Erhöhung des Anspruchs führt. Das »Man-selbst-Sein« führt in materieller Hinsicht zu den höchsten Ansprüchen für alle, in der Ausprägung der Individualität zumeist zum Niedergang. Wer beansprucht, was alle beanspruchen, nur weil es alle beanspruchen, verzerrt sich selbst. Ein Mensch, der alles haben will, was das »Man-selbst-Sein« ermöglicht, ist zur wirklichen Vorsorge nicht fähig. Selbstsorge nimmt, wenn sie wirklich Selbstreflexion ist, nur in Anspruch, was das Ich benötigt zur Existenz und Entwicklung. Aber lassen wir Heidegger selbst sprechen:

»Man selbst gehört zu den Anderen und verfestigt ihre Macht. ›Die Anderen‹, die man so nennt, um die eigene wesenhafte Zugehörigkeit zu ihnen zu verdecken, sind die, die im alltäglichen Miteinandersein zunächst und zumeist ›*da sind*‹. ... In dieser Unauffälligkeit und Nichtfeststellbarkeit entfaltet das Man seine eigentliche Diktatur. Wir genießen und vergnügen uns, wie *man* genießt; wir lesen, sehen und urteilen über Literatur und Kunst, wie *man* sieht und urteilt; wir ziehen uns aber auch vom ›großen Haufen‹ zurück, wie *man* sich zurückzieht; wir finden ›empörend‹ was *man* empörend findet. Das Man, das kein bestimmtes ist und das Alle, obzwar nicht als Summe, sind, schreibt die Seinsart der Alltäglichkeit vor. Das Man hat selbst eigene Weisen zu sein. Die genannte Tendenz des Mitseins, die wir die Abständigkeit nannten, gründet darin, dass das Miteinandersein als solches die *Durchschnittlichkeit* besorgt. Sie ist ein existenzialer Charakter des Man. Dem Man geht es in seinem Sein wesentlich um sie. Deshalb hält es sich faktisch in der Durchschnittlichkeit dessen, was sich gehört, was man gelten lässt und was nicht, dem man Erfolg zubilligt, dem man ihn versagt. Diese Durchschnittlichkeit in der Vorzeichnung dessen, was gesagt werden kann und darf, wacht über jede sich vordrängende Ausnahme. Jeder Vorgang wird geräuschlos niedergehalten. Alles Ursprüngliche ist über Nacht als längst bekannt geglättet. Alles Erkämpfte wird handlich. Jedes Geheimnis verliert seine Kraft. Die Sorge der Durchschnittlichkeit enthüllt wieder eine wesenhafte Tendenz des Daseins, die wir die *Einebnung* aller Seinsmöglichkeiten nennen.« (Heidegger 1986, 126f.)

Hier zeigt sich ein nicht geringer Teil unserer täglichen Schwierigkeiten. Jeder kann sich hinter dem »Man-selbst-Sein« verstecken, unauffällig und erfolgreich. Das »Ich-selbst-Sein« kann beliebig diffamiert werden. Erst die Berücksichtigung des Unterschieds zwischen »Man-selbst-Sein« und »Ich-selbst-Sein« im realen Leben führt zur Nutzung des Reichtums, den eine Gemeinschaft zu erzeugen vermag, weil niemand in Anspruch nimmt, was er nicht braucht. So wird Vorsorge möglich. Viel an Fürsorge lässt sich so vermeiden, weil vorgesorgt worden ist. Voraussetzung dafür ist dieses »Ich-selbst-Sein«, welches mit der Souveränität zugleich zu scheiden vermag zwischen dem Notwendigen für sich und dem, was zur Verfügung steht. Sorge um uns selbst heißt nichts anderes, als an die Zukunft zu denken. Sorge verbindet Zukunft mit dem »Ich-selbst-Werden«. Zugleich ist diese Verbindung eine ganz individuelle, also sind die Ansprüche individuell und die Ressourcen werden ohne selbst zu wachsen ausreichend.

Natürlich müssen wir beachten, dass die allermeisten Menschen dieses »Ich-selbst-Werden« nicht zu leisten vermögen. Und daher tritt ein Zustand in unsere Wirklichkeit ein, den Heidegger klar benennt:

»Diese Nivellierung der Daseinsmöglichkeiten auf das alltäglich zunächst Verfügbare vollzieht zugleich eine Abblendung des Möglichen als solchen. Die durchschnittliche Alltäglichkeit des Besorgens wird möglichkeitsblind und beruhigt sich bei dem nur ›Wirklichen‹. Diese Beruhigung schließt eine ausgedehnte Betriebsamkeit des Besorgens nicht aus, sondern weckt sie. Gewollt sind dann nicht positive neue Möglichkeiten, sondern das Verfügbare wird ›taktisch‹ in der Weise geändert, dass der Schein entsteht, es geschehe etwas.« (ebd., 194)

Ist das nicht ein Zustand, in dem sich die Gesellschaft befindet? Der Kreis des »Verfügbaren« wird nicht erweitert und dadurch alles auf die unbedingte Anteilnahme, auf das Verfügbare gerichtet, Reformen leiten keine Auswege ein, sondern nur strukturelle Verschiebungen der Teilnahme am »alltäglich« Verfügbaren. Diese Feststellung beziehe ich ganz ausdrücklich auf die gegenwärtige Gesundheitsreform und den größten Teil der öffentlichen Auseinandersetzungen um diese. Überdies wird in der Dialektik von »Man-selbst-Sein« und »Ich-selbst-Sein« der Zusammenhang zwischen Selbstsorge und Selbstpflege und der Fremdpflege, der Inanspruchnahme von professioneller Pflege unmittelbar deutlich. Die Verletzung des Gleichgewichts zwischen Selbstpflege und Fremdpflege hat eine wesentliche Ursache in der Verharrung im »Man-selbstsein«. Allerdings darf nicht übersehen werden, dass Krankheit auch ein Verlust des erreichten Niveaus der Selbstsorge, also nicht nur der Selbstpflege, sein kann. Daher die vorwiegend der professionellen Pflege auferlegte Pflicht zu kompensieren, wenn nicht anders möglich, und dem Selbstpflegedefizit zu begegnen, wo es nur möglich und solange wie nötig.

An dieser Stelle möchte ich mich jedoch ausdrücklich gegen ein Missverständnis verwahren. Mit der Forderung nach hoher Qualität der Selbstsorge und Selbstpflege darf nicht der Hinweis verbunden sein, jeder sei für sich selbst verantwortlich. Erstens hat jedes Maß an Selbstsorge eine Geschichte, für die das Individuum nur bedingt verantwortlich gemacht werden kann, und zweitens können Zustände, damit auch Krankheiten auftreten, für die das Individuum selbst nie verantwortlich gemacht werden kann. Hier muss die Verantwortung der Gesellschaft ganz natürlich einspringen. Diesen Zusammenhang von Selbst- und Fremdpflege hat Heidegger im Auge, wenn er auf zwei extreme Möglichkeiten der Fürsorge aufmerksam macht, der »einspringenden Fürsorge« und der »vorausspringenden Fürsorge«:

»Sie kann dem Anderen die ›Sorge‹ gleichsam abnehmen und im Besorgen sich an seine Stelle setzen, für ihn *einspringen*. Diese Fürsorge übernimmt das, was zu besorgen ist, für den Anderen. Dieser wird dabei aus seiner Stelle geworfen, er tritt zurück, um nachträglich das Besorgte als fertig Verfügbares zu übernehmen, bzw. sich ganz davon zu entlasten. In solcher Fürsorge kann der Andere zum Abhängigen und Beherrschten werden, mag diese Herrschaft auch eine stillschweigende sein und dem Beherrschten verborgen bleiben. Diese einspringende, die ›Sorge‹ abnehmende Fürsorge bestimmt das Miteinandersein in weitem Umfang, und sie betrifft zumeist das Besorgen des Zuhandenen.« (ebd., 122)

Die zweite Möglichkeit charakterisiert er wie folgt:

»Ihr gegenüber besteht die Möglichkeit einer Fürsorge, die für den Anderen nicht so sehr einspringt, als daß sie ihm in seinem existenziellen Seinkönnen *vorausspringt*, nicht um ihm die ›Sorge‹ abzunehmen, sondern erst eigentlich als solche zurückzugeben. Die Fürsorge, die wesentlich die eigentliche Sorge – das heißt die Existenz des Anderen betrifft und nicht ein Was, das er besorgt, verhilft dem Anderen dazu, in seiner Sorge sich durchsichtig und *für* sie *frei* zu werden.« (ebd.)

Heidegger unterscheidet also zwischen der »vorausspringenden Fürsorge« und der »einspringenden Fürsorge«. Die vorausspringende Fürsorge ist ganz auf das »Ich-selbst-Werden« gerichtet. Sowohl auf das eigene Ich als auch auf die Entfaltung des Ichs des Menschen, dem unsere Fürsorge gilt. Die »einspringende Fürsorge« bedeutet sowohl das »Für-den-Anderen-da-sein-wollen« wie auch die Aufgabe der Entfaltung des eigenen Ichs. Die einspringende Fürsorge nivelliert den Unterschied zwischen dem Fürsorgenden und dem diese empfangende Person. Die Souveränität wird auf beiden Seiten vernichtet, sowohl bei dem Gebenden wie auch bei dem Nehmenden. Die Verbindung zwischen all diesen Begriffen und Phänomenen ermöglicht der Begriff der Selbstsorge. Die Selbstsorge enthält ja nicht nur das Selbst, sondern auch seine Existenz und Zukunft in der Gemeinschaft.

Natürlich konnte ich die ganze Struktur und den Prozess der Entfaltung der Selbstsorge in der Ontogenese nur andeuten. Die Einbeziehung, um nur ein Beispiel zu nennen, der hierarchischen Ordnung der Kompetenzen ermöglicht das Erkennen von Qualitäten der Selbstsorge. Es mag ein Irrtum sein, aber ich gehe davon aus, dass die Pflegewissenschaft sich nur dann progressiv zu entwickeln vermag, wenn sie sich von der Unmittelbarkeit der Pflege entfernt und sich eine eigene allgemeine begriffliche Basis schafft, in der der Begriff der Selbstsorge eine gewichtige Rolle spielt.

Literatur

Wied, S., Warmbrunn, A. (Bearb.) (2003). Pschyrembel. Wörterbuch Pflege. Berlin, New York: de Gruyter.

Foucault, M. (1976). Die Geburt der Klinik. Eine Archäologie des ärztlichen Blicks. Frankfurt/M., Berlin, Wien: Ullstein Materialien (Ullstein-Buch Nr. 35088).

Heidegger, M. (1986). Sein und Zeit (16. Aufl.). Tübingen: Max Niemeyer.

Ulrike Richert

Koordination zwischen den beiden Berufsgruppen Pflege und Medizin

In den Krankenhäusern stehen sich heute drei unterschiedliche Kulturen ziemlich unversöhnlich gegenüber: die Kultur des klinisch-medizinischen Verständnisses, die Kultur der Pflegekräfte und pflegerischer Kernprozesse und die Kultur der Organisationsexperten. Die Gräben zwischen diesen drei Kulturen sind eine wesentliche Ursache für die mangelnde Prozesssteuerung, Effizienz und Patientenorientierung moderner Krankenhäuser. Ihre Überwindung liegt im Interesse aller und bildet ein dringendes humanitäres, aber auch ein dringendes Wettbewerbsmotiv. Der Leitsatz »Nur verbesserte Prozesse ermöglichen verbesserte Ergebnisse.« motiviert zu einer Betrachtung, die umfassend ist, d.h. die gesamte Organisation, auch Führungssysteme und Arbeitsbedingungen, einbezieht. Zentrales Motiv ist auch bei diesem Vorgehen, neben mehr Kundenorientierung, die Senkung der Betriebskosten. Hauptfehlerquellen im organisationsbezogenen Ansatz liegen in einer ausufernden Arbeitsteilung und Spezialisierung sowie im traditionellen Denken entlang vertikaler Zuständigkeitspyramiden oder Machtdomänen in der dadurch erzeugten Vielzahl von Schnittstellen und der daraus resultierenden mangelhaften Verzahnung der Arbeitsabläufe.

Im Deutschen Herzzentrum Berlin gab es eine Innovation für den Pflegedienst im Jahr 1998. Es wurde eine Koordinationsstelle geschaffen mit folgender Aufgabenstellung: krankenhausinterne Prozesse sind im Sinne des Stiftungszwecks weitgehend zu optimieren. Wesentliche Voraussetzung zur Verbesserung der gesamten Ablauforganisation im Deutschen Herzzentrum Berlin ist ein Wechsel von der bisher bereichsorientierten Organisation zu einer gesamtprozessbezogenen Organisation. Dies bedeutet vor allem eine Steuerung und leistungssynchronisierte Arbeitszeiteinteilung aller Berufsgruppen. Hierin eingeschlossen ist die Schnittstellenorganisation zur ärztlichen OP-Planung, den Bettenbelegungen der Intensivstationen und allen angrenzenden Bereichen. Die Koordination untersteht dabei unmittelbar dem Ärztlichen Direktor der Klinik.

Um diese Veränderungen auch rechtlich umsetzen zu können, bedurfte es einer Satzungsänderung, die 1998 erfolgte.

So heißt es nunmehr:

»Im Interesse einer funktionsfähigen und wirtschaftlichen Organisation kann für einzelne Bereiche der Personaleinsatz aller dort tätigen Beschäftigten durch eine(n) Koordinator(in) erfolgen, die/der dem Ärztlichen Direktor direkt unterstellt ist. Ärztlichem Direktor und Koordinator(in) obliegen die Sicherung der Zusammenarbeit.«

Hauptziel der Veränderungen war es, Ressourcen ohne Leistungs- und Qualitätsabstriche vor dem Hintergrund der zukünftigen finanziellen Entwicklungen im Gesundheitswesen zu nutzen. Dabei ist eine der Hauptaufgaben die Sicherstellung einer reibungslosen Organisation, u.a. durch gezielten Personaleinsatz sowie die Unterstützung der Beschäftigten bei organisatorischen Fragestellungen.

Wo liegt die besondere Qualität einer Koordinationsstelle? Es agiert ein Team, keine »Dienstartenvertreter«. Es wird Information an alle vermittelt und in Entscheidungen umgesetzt. Die Koordination unterstützt die Synchronisation einzelner Leistungsbereiche. Der Patient steht im Mittelpunkt, die Sichtweise ist organisationsbezogen. Vorhandene berufliche Einzelkompetenzen werden zu einer Teamkompetenz zusammengeführt. Mit der neuen Koordinationsstelle ist ein weiterer bedeutender Schritt in Richtung Qualitätsverbesserung und Professionalisierung des Versorgungsgeschehens im Deutschen Herzzentrum Berlin erfolgt.

Die Abkehr von der in Krankenhäusern üblichen Aufbauorganisation führte zunächst gerade beim Pflegepersonal zu erheblicher Unruhe, denn jetzt sind Pflegekräfte in letzter Konsequenz dem Ärztlichen Direktor unterstellt. Eine Trennung der Zuständigkeiten und Verantwortungen nach Dienstarten war ausdrücklich nicht mehr gewollt.

Zusammenfassend lässt sich feststellen, dass mit der Einrichtung einer Koordinationsstelle eine neue Entwicklung im Deutschen Herzzentrum mit vielen Chancen und positiven Wirkungen auf die Effizienz und Qualität der Versorgungsprozesse eingeleitet und erzielt werden konnte. Damit entwickelte sich der professionelle Pflegedienst zum Partner der medizinischen Disziplinen in Diagnostik, Therapie und Rehabilitation. Als besonderes »Highlight« sei hier z.B. die Anordnung, Dokumentation und Durchführung ärztlicher Maßnahmen unter Beteiligung von Pflegepersonal zu erwähnen, die im Jahr 2002 in einer verbindlichen Dienstanweisung geregelt wurde. Im Deutschen Herzzentrum Berlin werden tagtäglich ärztliche Maßnahmen vom Pflegepersonal unterstützend durchgeführt. Voraussetzung ist, dass in der klinischen Arbeit bestimmte Grundsätze beachtet werden, die aus der einschlägigen Rechtspraxis vorgegeben sind. Diese arbeitsteilige Struktur, mit der das Deutsche Herzzentrum Berlin eine Vorreiterrolle einnimmt, führt zu einer qualitativ hochwertigen Patientenversorgung. Um die Zusammenarbeit zu regeln und die pflegerischen Belange im Deutschen Herzzentrum Berlin sicherzustellen wurde die Koordination und die Pflegedirektion im Jahr 2002 auf eine Person übertragen.

Hauptfehlerquellen liegen, wie oben beschrieben, in den Organisationsstrukturen vieler Krankenhäuser, einer ausufernden Arbeitsteilung und Spezialisierung sowie im Denken entlang vertikaler Zuständigkeitspyramiden, der dadurch erzeugten Vielzahl von Schnittstellen und der daraus resultierenden mangelhaften Verzahnung der Arbeitsabläufe. Es zeigt sich, dass äußere, nicht eigentlich medizinische Einflußfaktoren sich zunehmend auf die ärztliche und pflegerische Tätigkeit auswirken.

Ein Problem für die, mit diesen Veränderungen aktuell konfrontierten Pflegekräfte und Ärzte, ist oftmals das Fehlen einer entsprechenden Qualifikation. Für die Pflege im Krankenhaus kann das beispielsweise heißen, mehr Pflegemanagement im Schwerpunkt zu leisten. D.h. man muß sich hier als sozialer Dienstleister verstehen, der als Assistenzberuf seine Tätigkeit auf den Patienten in gleicher Art und Weise ausrichtet wie der Arzt. Beide arbeiten zum Wohl des Patienten, jeder von seiner Profession her. Leider fehlen dazu vielfach integrative Konzepte in Ausbildung und Praxis, um in der Pflege und Medizin intensiver zusammenarbeiten zu können.

Neben diesen eher äußeren oder strukturellen Veränderungen hat die Professionalisierung des Pflegeberufs auch zu inneren Veränderungsprozessen geführt. Viele Student/innen mit pflegerischem Erstberuf studieren an deutschen Fachhochschulen. Diese Studiengänge eröffnen eine große akademische Chance für die Pflege. Führt dies tatsächlich zu einer Professionalisierung der Pflege, die notwendig ist, um nicht den Weg der Ab- und Ausgrenzung zu gehen, sondern um den Vernetzungsgedanken des interdisziplinären Arbeitens zu unterstützen (Kerres, Seeberger 1998)? Diese Veränderung der Machtpositionen zeigt sich in einigen Häusern in einer gleichberechtigten Stellung der Pflege zum ärztlichen und zum Verwaltungsdirektor. Eine Entwicklung, die sich in den Krankenhäusern fortsetzen sollte.

Um als gleichberechtigter Partner Anerkennung zu finden, wird es notwendig sein, als Führungskraft Position beziehen zu können, Profil zu zeigen. Profil zu zeigen ist das schwierigste Vorhaben. Es gibt z.B. wenig Konstantes und Verlässliches – außer der eigenen Person und das Zutrauen in diese. Professionalisierung bedeutet demnach, den schnellen Wandel im Gesundheitswesen mitgestalten zu können, das Wesentliche vom Unwesentlichen unterscheiden zu können, die Unsicherheit der Situation auszuhalten und berufspolitische Meilensteine zu setzen, die auch den Standpunkt der Pflege präzisieren.

Literatur

Kerres, Seeberger (1998). Qualitätsmanagement in der häuslichen Pflege. In: Kerres, Seeberger (Hrsg.). Pflegedienste und Sozialstationen erfolgreich führen. Balingen.

Gerd Bekel

Selbstsorge als zentraler Gegenstand des Pflegediskurses

1. Einführung

Dem aufmerksamen Betrachter der aktuellen Ereignisse im Gesundheitswesen und insbesondere in der Kliniklandschaft wird nicht entgehen, dass eine aufgeregte Debatte über die Richtung und die Notwendigkeit der erforderlichen Maßnahmen die Diskussionslandschaft beherrscht. Um das drohende Ungleichgewicht zwischen verringerten Einnahmen infolge der Strukturreformen im Gesundheitswesen und den steigenden Ausgaben zu kompensieren, wird vielen Kliniken wohl kaum eine andere Möglichkeit bleiben, als kurzfristig durch Personalabbau die Stabilisierung herzustellen. Für die Pflege bedeutet dies, dass der Stellenverlust der letzten Jahre weitergehen wird. Gleichzeitig wachsen die Anforderungen an den Pflegedienst, die insbesondere durch rasant fortschreitende Entwicklungen in der medizinischen Diagnostik und Therapie und durch die Zunahme der älteren und hochbetagten Patienten gekennzeichnet sind.

Eine sinnvolle und nachhaltige Lösung dieser diametralen Problemstellungen ist wohl nur vor dem Hintergrund eines kritischen Diskurses über die Notwendigkeit und die Leistungsfähigkeit der Pflege zu bewirken. Der Diskurs ist auf gesellschaftlicher Ebene und in der Berufsgruppe als schonungslose Binnenanalyse zu führen. Allerdings ist diese Form der Analyse unangenehm, da als Ergebnis die Erkenntnis reifen könnte, dass nicht nur die Medizin durch ihren Macht- und Führungsanspruch die Situation der Pflege nachhaltig beeinflussen wird, sondern das durch unklare Profile der pflegerischen Aufgabenbereiche und durch mangelhafte Darstellung und Bewertung der Pflegeleistungen im gesellschaftlichen und im betrieblichen Kontext das Vakuum für die o.g. Prozesse entsteht bzw. gefördert wird. Ewers und Schaeffer weisen bereits 1999 auf diese zentrale Problematik innerhalb der Disziplin hin.

»Aufgrund des Entwicklungsrückstandes der bundesdeutschen Pflege und ihrer geringen Definitions- und Legitimationskompetenz bezogen auf ihren eigenen Arbeits- und Gegenstandsbereich ist es derzeit kaum möglich, aus der Perspektive der eigenen Disziplin heraus begründet zu definieren, welche Leistungsbestandteile Pflege im einzelnen umfasst oder welche sie angesichts der Bedarfslage der Patienten umfassen sollte. Ebenfalls fehlen die Grundlagen dafür, fundiert zu belegen, warum bestimmte pflegerische Leistungen – möglicherweise auch über einen längeren Zeitraum hinweg – erbracht werden müssen oder wann und unter welchen Konditionen pflegerische Tätigkeiten von einer professionellen Fachkraft, einer Hilfskraft, einem Angehörigen oder vielleicht sogar vom Patienten selbst durchgeführt werden sollten.« (Ewers, Schaeffer 1999)

Vor dem Hintergrund dieser Ausgangssituation werden wir an dieser Stelle einen Weg aufzeigen, wie die Disziplin Pflege ihren Gegenstandsbereich thematisieren kann. In diesem Zusammenhang werden die Auswirkungen für die Teilnehmer des Pflegediskurses aufgeführt und die Konsequenzen für das Pflegemanagement, die Pflegediagnostik, die Ausbildung und die Pflegewissenschaft vorgestellt.

Zuvor widmen wir uns nun jedoch einigen grundlegenden Erkenntnissen der Konstituierung von Gegenstandsbereichen wissenschaftlicher Disziplinen und der wissenschaftstheoretischen Thematisierung der Selbstsorge.

2. Ausdifferenzierung der Gegenstandsbereiche wissenschaftlicher Disziplinen

Gesellschaftliche Differenzierungsprozesse, ihre Folgen für die Systeme (Gesundheit, Bildung, Recht, etc.) und die daraus entstehenden Anforderungen bieten die Ausgangspunkte der Ausdifferenzierung bestehender und zukünftiger Gegenstandsbereiche wissenschaftlicher Disziplinen. Mitunter führen die Differenzierungsprozesse zur Herausbildung vollkommen neuer Disziplinen. Auch wenn während des Prozesses der Ausdifferenzierung eine gewisse faktische Nähe zu verwandten Disziplinen bestehen kann, so wird die neu entstehende Wissenschaft als Aussagesystem ihren eigenen unverwechselbaren Gegenstand erkenntnistheoretisch erfassen, sie wird Begriffe und Kategorien herausbilden, mit denen Sie die Wirklichkeit beschreibt und sie wird Methoden und Verfahren entwickeln, mit denen Erkenntnisse gewonnen werden. Darüber hinaus können Methoden und Verfahren entwickelt werden, die sich auf die Beeinflussung des Gegenstandsbereiches und mithin auf die sich je herausbildenden Anforderungen aus den gesellschaftlichen Differenzierungsprozessen richten (hieraus entsteht dann die jeweilige Funktionsbestimmung der Disziplin).

Für die Pflege ist hier nun zu fragen, welche gesellschaftlichen Differenzierungsprozesse derzeit oder zukünftig den Gegenstandsbereich der Pflege konstituieren. Welche Ereignisse können eine so große Wirkung haben, dass die Pflege in Deutschland sich neuen Herausforderungen stellt, ihre starre Binnenorientierung aufgibt und sich einem umfangreichen und kritischen Diskurs stellt. Historische Dokumente zeigen auf, dass die Pflegebedürftigkeit der Menschen von je her im Mittelpunkt der Pflege stand. Sie hat sich diesen Bereich mit verschiedenen anderen Gruppen geteilt, so z.B. mit Familienmitgliedern und kirchlichen oder staatlichen Hilfsgruppierungen. Dabei ist es ihr jedoch bis heute anscheinend nicht gelungen, ihre Erkenntnisse von der Pflegebedürftigkeit als gesellschaftliches Phänomen wissenschaftlich zu begreifen und eine spezifische Methodik im Umgang oder zur Bewältigung herauszubilden. Das Wissen, dass die Pflegenden erwerben um beruflich mit Pflegebedürftigkeit umzugehen, ist nicht das Wissen, das sie selbst im Rahmen ihres praktischen Wirkens erzeugen.

Hier ist sicherlich die größte Herausforderung in der Verwissenschaftlichung der Pflegebedürftigkeit zu finden. Der Pflege sollte nicht das gleiche Problem widerfahren, wie der Geburtshilfe durch Hebammen. Den Hebammen ist es nicht gelungen, ihr Wissen über die Geburt wissenschaftlich zu systematisieren. Die Medizin hingegen hat in der Spezialdisziplin Gynäkologie und Geburtshilfe ihren Funktionsbereich konsequent verwissenschaftlicht (vgl. Böhme 1980). Die spezifischen Formen der Pflegebedürftigkeit werden zunehmend nicht mehr von Familienangehörigen ohne die Unterstützung von Fachleuten bewältigt werden können, da die Anforderungen im Umgang mit der Pflegebedürftigkeit, z.B. infolge komplexer Krankheitssituationen, die gewöhnlichen Erfahrungen aus den Lebensvollzügen übersteigen. Wissenschaftlich gesichertes Wissen ist erforderlich um die komplexen Methoden zur Bewältigung der Pflegebedürftigkeit sinnvoll einzusetzen.

Auf die vielfältigen Gründe, warum die Verwissenschaftlichung der Pflegebedürftigkeit und die damit verbundene Systematisierung des Gegenstandsbereiches der Pflege bisher nicht in der Form stattgefunden hat, wie es die gesellschaftlichen Anforderungen erfordert hätten, kann an dieser Stelle nicht abschließend eingegangen werden. Jedoch sind zwei Gründe für diesen Prozess von zentraler Bedeutung. *Erstens* wird der Umgang und die Bewältigung mit Pflegebedürftigkeit als eine stark an persönlichen Merkmalen der Pflegenden ausgerichtete Leistung kultiviert. Nicht das Wissen und die Kompetenz zur Problemlösung, sondern die persönliche Eignung und der Wille, Menschen zu helfen, stehen im Vordergrund. *Zweitens* hat sich in Deutschland durch die zunehmende Rationalisierung und Technisierung der Medizin ab 1970 ein Bedarf an neuen Tätigkeiten aufgetan. Hierdurch sind neue und attraktive Tätigkeitsbereiche für die Pflege entstanden, die jedoch im Wesentlichen durch die Logik und das Wissen der Medizin bestimmt sind. Aus dieser Zeit stammt die Differenzierung der Pflege in Grund- und Behandlungspflege. Als Folge daraus sind vollkommen unterschiedliche Problembereiche entstanden, die sich in der klinischen Praxis gegenseitig belasten. Beide Tätigkeitsbereiche sind nur wenig systematisch im Sinne einer spezifischen Leistungsbeschreibung zu erfassen. Dies ist derzeit das große Problem vieler Pflegemanager/innen, denn Ihnen fehlen definierte Problembereiche, die ausschließlich durch Pflegende mit spezifischen Kompetenzen bewerkstelligt werden können.

Der gegenstandsorientierte Pflegediskurs, ob er betrieblich, in Berufsorganisationen oder gesellschaftlich geführt wird, hat diese Trennung der beiden Tätigkeitsbereiche der Pflege zu bewältigen. Oder, und auch das ist denkbar, es entwickelt sich parallel dazu ein eigenständiger Pflegediskurs, der von den historischen Belastungen unbeeindruckt ist. Dies wäre dann jedoch keine logische Ausdifferenzierung des bisherigen professionellen Pflegebildes sondern eine logische Folge der Anforderungen aus den gesellschaftlichen Differenzierungsprozessen. Pflegebedürftigkeit ist eine der großen Herausforderungen unserer Gesellschaft. Zum nachhaltigen Umgang bedarf es der wissenschaftlichen Erkenntnisgewinnung bzgl. der Arten und des Wesens von Pflegebedürftigkeit und der Herausbildung von Methoden des Helfens und Bewältigungsstrategien.

Was unterscheidet die Pflege von anderen Formen der Fürsorge, Betreuung oder Behandlung, z.B. der Medizin, der klinischen Psychologie und der Sozialarbeit? Sie alle richten ihr berufliches Interesse auf Menschen, die einen Bedarf an professioneller Betreuung oder Unterstützung benötigen. Sie unterscheiden sich jedoch in der spezifischen Sichtweise vom Menschen und den jeweiligen Situationen und in den Methoden, wie sie mit den Gegebenheiten und Problemstellungen verfahren. Jede Berufsgruppe betrachtet nur einen bestimmten Ausschnitt aus der Gesamtheit der menschlichen Realität. Die Ausdifferenzierung des Gegenstandsbereiches zeigt die Grenzen der Pflege zu anderen Disziplinen auf. Sie wird jedoch auch Gemeinsamkeiten offen legen, die zur Berücksichtigung des jeweiligen Wissens in den Disziplinen führt. Die Abgrenzung ist die notwendige Folge der Herausbildung des Problembereichs und des eigentlichen Gegenstandsbereiches.

Nach Weingartner (1980) bezeichnet der *Problembereich* die spezifischen Probleme oder Fragen, mit denen sich die Disziplin befasst:
– Welche Bedingungen herrschen vor, dass Menschen Pflege in Anspruch nehmen oder nehmen sollten?
– Wie konstituiert sich die subjektive Wahrnehmung von Pflegebedürftigkeit?

- Welche kulturellen Aspekte bedingen den Bedarf an pflegerischer Versorgung?
- Wie gehen Menschen im Alltag mit Pflegebedürftigkeit um?
- Der *eigentliche Gegenstandsbereich* beschreibt den spezifischen, eigenständigen Bereich der Disziplin, die eine Anwendung auf andere Disziplinen nicht ermöglicht.
- Mit welchen Methoden erfasst die Pflege spezifische Situationsmerkmale von Pflegebedürftigkeit?
- Welche Begriffe und Theorien werden entwickelt um Pflegebedürftigkeit zu erklären und zu beschreiben?
- Welche spezifischen Formen der Diagnostik der Pflegebedürftigkeit werden angewendet?
- Wie und in welcher Weise kommuniziert die Pflege ihre Erkenntnisse mit betroffenen Menschen?

Die Pflege in Deutschland und mithin die Akteure in Wissenschaft und Praxis werden sich bei ihren Entscheidungen und bei der Auswahl von Erkenntnissen und Methoden einer kritischen Analyse der spezifischen Gegenstandsorientierung wohl nicht entziehen können, wenn die Disziplin Antworten auf die gesellschaftlichen Herausforderungen der Pflegebedürftigkeit geben will.

3. Begriffliche Verortung der Selbstsorge

Die Selbstsorge ist weder etwas vollkommen Neues, noch wurde Sie von Pflegetheoretikerinnen erfunden. Es handelt sich wohl eher um ein menschliches Prinzip welches im Verlauf der Menschheitsgeschichte verschiedene Bedeutungen und Funktionen gehabt hat. In der Thematisierung der Selbstsorge wird das Selbst als Ausgangspunkt und Gegenstand der Sorge betrachtet. Der Begriff Selbstsorge lässt sich aus der antiken Geschichte herleiten und durchaus für eine kritische Reflexion des Gegenstandsbereiches der Pflege verwenden.

In der Antike wurde Selbstsorge als gesellschaftliches Konzept angelegt. In den Dialogen Platons ist deutlich der ethische und politische Charakter erkennbar. Selbstsorge wurde nicht als etwas völlig selbstbezügliches verstanden, sondern als eine gesellschaftlich erforderliche Tugend. Wir könnten hier auch von der gesellschaftlich orientierten Verantwortung des Individuums sprechen. Das ›um sich selbst sorgen‹ wird auf die Seele und den Leib bezogen. Aristoteles unterscheidet die Selbstsorge als eine kluge Sorge ›cura sui‹ von der Besorgnis oder Nachlässigkeit.

Schmid (1998) weist darauf hin, dass Selbstsorge, so wie sie in der Antike verstanden wurde, parallel zum Begriff der Klugheit zu entfalten ist. Die Sorge um sich ist nicht auf den eigenen Vorteil gerichtet, sondern auf das Bemühen um die Grundlagen einer positiven Lebensorientierung und somit weit über das Selbst hinaus. Heute können wir Selbstsorge in diesem Sinne auch als das Verhältnis von Selbstverantwortung und Gemeinwohlorientierung diskutieren. Drei Hauptaspekte der Selbstsorge werden von Schmid (1998, 246) genannt. Sie können für eine kritische Reflexion der Selbstsorge im Zusammenhang mit der Gegenstandsdiskussion der Pflege verwendet werden.

1. Der selbstrezeptive Aspekt: »Das Selbst nimmt sich selbst als Selbst wahr und ist aufmerksam auf sich; es erfährt sich als ›Eigenes‹, das nicht Eigentum von Anderen ist.« (ebd., 246)
2. Der selbstreflexive Aspekt: Durch Selbstreflexion gelingt es, den Übergang von der Selbstwahrnehmung zum Selbstbewusstsein zu bewältigen. Das Selbst ist so in der Lage »... aus der Distanz sich und die eigenen Verhältnisse, seine Bedingungen und Möglichkeiten zu erkennen und zu reflektieren.« (ebd., 246)
3. Der selbstproduktive Aspekt: Der Wahrnehmung des Selbst und das Bewusstwerden des Selbst folgt die Selbstgestaltung. Sie dient dazu »... sich und das eigene Leben zum Werk zu machen.« (ebd., 246)

Diese philosophischen Grundannahmen lassen sich im Kontext vieler Theorien diskutieren und deuten. Sie eignen sich hervorragend für die Bestimmung des Verständnisses der Pflege von den Lebensverhältnissen der Menschen und die Konsequenzen, die sie im Sinne ihrer gesellschaftlichen Verantwortung abzuleiten hat.

Seit einigen Jahren tritt das Konzept Selbstsorge wieder in den Vordergrund und wird in unterschiedlicher Terminologie in den Diskurs eingebracht. In der Psychologie wurde das Konzept des Selbstmanagements entwickelt. Selbstmanagement ist die Bezeichnung dafür, dass Menschen ohne fremde Hilfe ihre Lebensziele in allen erdenklichen Bereichen verwirklichen können (Kanfer, Reinicker und Schmelzer 1996). Dieses Konzept wird insbesondere im Zusammenhang mit psychologischer Therapie verwendet. Im Gutachten des Sachverständigenrates zur konzertierten Aktion im Gesundheitswesen wird Selbstsorge als »Nutzerkompetenz« in den Diskurs eingeführt. Die Verwendung geschieht im Kontext gesundheitspolitischer Veränderungsbestrebungen.

Als Kennzeichen und Zielsetzung eines optimierten Nutzerverhaltens werden folgende Aspekte identifiziert:
– Kompetente Nutzer nehmen das Gesundheitswesen in angemessener Weise, z.B. nachdem *Eigenhilfe* sachgerecht ausgeschöpft wurde, in Anspruch.
– Sie verfügen im Falle eigener, insbesondere chronischer Krankheit, über *ausreichende Kompetenz*, um soweit als möglich eigenständig

mit ihrer Krankheit und der erforderlichen Behandlung im Sinne eines eigenen Case-Management umzugehen.
- Kompetente Nutzer verhalten sich hinsichtlich der einvernehmlich mit dem Arzt festgesetzten Verfahrenswege *kooperativ*, so dass ein Fehleinsatz medizinischer Ressourcen durch schlechte Compliance vermieden wird.
- Sie zeigen *Verantwortungsbewusstsein* gegenüber der Solidargemeinschaft.
- Kompetente Nutzer entwickeln ein *besseres Verständnis* dafür, dass medizinische bzw. professionelle Entscheidungen bezüglich Gesundheit grundsätzlich nicht frei von Ermessensspielräumen sein können. (Deutscher Bundestag 2001, 150, Ziffer 314)

Kompetenz in diesem Zusammenhang bedeutet: Funktionen, die der Alltag von einem fordert, selbständig auszuüben und in diesem Sinne ein eigenständiges Leben führen können (ebd., 150).

Speziell für die Nutzerkompetenz werden folgende Grundannahmen identifiziert:
- Gewährleistung der Alltagsbewältigung und *Aufrechterhaltung der Selbstständigkeit*.
- *Erfahrung und Wissen zu aktivieren* und auch auf neue Situationen hin anzuwenden.
- Sich auch *in neuen Situationen zurechtzufinden* und zu orientieren, Neues hinzulernen.
- *Kognitive Funktionen* und *Fähigkeiten aufrechtzuerhalten* und *weiterzuentwickeln*, sowie nach neuen Aufgaben zu suchen, die anregend wirken.
- Fähigkeit, sich in sozialen Situationen zurechtzufinden und neue *soziale Kontakte zu schließen*.
- Ein *positives Selbstbild aufzubauen* oder *wiederzugewinnen*, das von der Überzeugung bestimmt ist, wichtige Funktionen zu beherrschen und sein Leben weitgehend selbst gestalten zu können.
- *Ziele, Ideale und Werte zu definieren* und zu *verwirklichen*, die als sinnvoll und verpflichtend für das eigene Leben empfunden werden.
- *Eine realistische Zukunfts- und Lebensperspektive zu entwickeln*, die einerseits um die Begrenzungen weiß, andererseits aber auch den Versuch unternimmt, den Blick auf neue Ziele zu richten.

Eine genaue Analyse der Argumente zeigt, dass hier die Folgen der gesellschaftlichen Differenzierungsprozesse explizit für das Gesundheitssystem deutlich werden. Eine kritische Reflexion zeigt, dass für die betroffenen Menschen Anforderungen entstehen, die so ohne weiteres im Alltag nicht zu bewältigen sind. Die Pflege ist an dieser Stelle aufgefordert, sich in den Diskurs einzubringen und die Selbstsorge, die hier auf gesundheitliche Bedingungen ausgerichtet ist, wissenschaftlich zu untersuchen und Methoden zu entwickeln, wie Menschen geholfen werden kann, den zukünftigen Ansprüchen der Gesundheitsversorgung zu genügen (Pflegebedürftigkeit zu bewältigen). Hierzu bedarf es einer komplexen Reflexion innerhalb der Pflege, Menschen nicht nur als Empfänger von Pflege zu sehen sondern sie zu aktiven Partnern der Pflege zu machen.

Die Pflegekonzepte müssen in diesem Sinne handlungstheoretisch angelegt werden. Der hieraus entstehende »body of knowledge«, der sich aus der Erkenntnis zusammensetzt, wie Menschen für sich sorgen und welche Bedingungen hierfür gegeben sein müssen, wird es ermöglichen, dass sich die Pflege in die gesellschafts- und gesundheitspolitische Diskussion aktiv einbringt. Sie wird in diesem Zuge ihre Binnenorientierung (das Verhältnis unter dem Pflegende arbeiten) um eine deutliche Außendifferenzierung ergänzen (Verhältnisse unter denen Menschen für sich sorgen können).

Die Anforderungen, die insbesondere für die Bildung in der Pflege entstehen sind enorm. Pflegende benötigen in diesem Sinne ein komplexes Verständnis vom Menschen und seinen Lebensbezügen. Grundlegende philosophische Kenntnisse scheinen hierfür unerlässlich. Auch das Methodenspektrum muss validen Kriterien genügen.

4. Pflegebedürftigkeit und Selbstsorge

Pflegebedürftigkeit, die im Allgemeinen auf den Grundlagen der Selbstsorge und im Speziellen auf den Fähigkeiten mit sich im Sinne von Gesundheit umzugehen basiert, setzt ein Verständnis menschlicher Handlungskompetenz voraus. Menschen regulieren mittels dieser Kompetenzen die Anforderungen, die im Zusammenhang mit Gesundheit entstehen. Diese Kompetenzen werden im Laufe des Lebens erworben oder auch nicht. Entscheidend ist, dass in bestimmten Lebenssituationen Anforderungen bestehen auf Probleme zu reagieren (zum Beispiel beim Auftreten einer akuten Erkrankung). Dieser spezifische Bedarf an Selbstsorge kann das vorhandene Wissen und die Erfahrungen der betroffenen Personen übersteigen oder, und auch das ist möglich, die betroffene Person hat bestimmte Fähigkeiten, kann sie aus verschiedenen Gründen nicht einsetzen.

Die möglichen Variablen sind vielgestaltig. Die Art und das Ausmaß der Beeinträchtigungen der allgemeinen und spezifischen Fähigkeiten der Person bestimmen im Wesentlichen den Grad der Unterstützung durch andere Personen. Die Pflege kann hier mit ihrem professionellen und komplexen Wissen für gezielte Unterstützung sorgen. Pflegebedürftigkeit in diesem Sinne kann als Beeinträchtigung der Selbstsorge und der spezifischen Fähigkeiten verstanden werden. An dieser Stelle muss mit der traditionellen Vorstellung von Pflegebedürftigkeit im Sinne von »körperlicher Beeinträchtigung« gebrochen werden.

Pflegende benötigen umfangreiches wissenschaftlich gesichertes Wissen über menschliche Handlungskompetenzen und den Zusammenhängen mit Selbstsorge und Pflegebedürftigkeit. Pflegediagnostik ist in diesem Sinne als Handlungsdiagnostik zu konzipieren.

5. Bedeutung der Selbstsorge für den Pflegediskurs

Die Ausdifferenzierung des Pflegediskurses vor dem Hintergrund der Selbstsorge wird neue Begriffe, Sätze und Theorien entstehen lassen, die dem Diskurs innerhalb der Profession dienen. Sie werden jedoch dazu geeignet sein, Schnittstellen mit anderen Professionen herzustellen und sich aktiv und kritisch in den gesellschaftlichen Diskurs über Pflege einzubringen. Es ist nicht abwegig, dass so entstehendes Wissen in der Pflegewissenschaft von anderen Wissenschaften angewendet wird. Auf jeden Fall wird die Pflegewissenschaft einen Beitrag zum Verständnis des menschlichen Lebens und des menschlichen Seins leisten.

Für den Diskurs innerhalb der Pflege bedeutet dies eine Fokussierung. Sind die Diskurse bisher durch Funktionsinteressen geprägt, z.B. Managementinteressen, ökonomische Interessen, pädagogische Interessen, Maßnahmeninteressen etc., so werden diese primären Interessen sich dem Gegenstand der Pflege unterordnen. Zukünftige Argumente, egal aus welcher Richtung der Pflege sie kommen, werden den gleichen Ausgangspunkt haben. Pflegende die im Management ökonomische Fragestellungen zu bearbeiten haben, werden die im Kontext des Gegenstandsbereiches tun. Sie werden nicht als Ökonomen oder Manager mit Theorien aus anderen Disziplinen argumentieren. Sie werden als Pflegemanager und Pflegeökonomen die Theorien der Pflege mit anderen Theorien verbinden können. Hierdurch wird es erst möglich die Bedingungen zu schaffen, dass die Pflegepraxis das tun kann, was sie tun muss in Bezug auf Menschen, die Pflege benötigen. Sie werden in der Lage sein, die betriebswirtschaftlichen und volkswirtschaftlichen Konsequenzen auf die Leistungen der Pflege zu berechnen. Vor dem Hintergrund der aktuellen Ereignisse im Gesundheitswesen scheint mir hier ein dringender Bedarf zu bestehen. Sie werden dafür Sorge tragen, dass Pflegeleistungen in der Praxis wissenschaftlich fundiert sind und

für sie wird es unmöglich sein, wenn Pflegende ihr Handeln nicht theoriebasiert begründen.
 In der Pflegeausbildung (zum Beispiel an Hochschulen) werden nicht mehr viele verschiedene Pflegetheorien in kurzen Seminaren durchgearbeitet, sondern den Studierenden werden zunächst Grundlagen der menschlichen Selbstsorge mit all ihren philosophischen und wissenschaftlichen Bezugsdisziplinen vermittelt. Dies wird insbesondere auf die Legitimation des Pflegehandelns und auf die Pflegediagnostik Einfluss nehmen. Studierende lernen das Diagnostizieren, nicht die Planung der Pflege an Hand von Pflegediagnosen. Durch die Fokussierung der Pflege auf die Selbstsorge der Menschen, die ihre Dienste beanspruchen, wird es möglich sein, den Wert von Pflegehandlungen zu bestimmen und den gesellschaftlichen Nutzen der Disziplin Pflege zu begründen.

Literatur

Böhme, G. (1980). Wissenschaftliches und lebensweltliches Wissen am Beispiel der Verwissenschaftlichung der Geburtshilfe. Kölner Zeitschrift für Soziologie und Sozialpsychologie. Sonderheft 22. S. 445–463.

Deutscher Bundestag (2001). Gutachten 2000/2001 des Sachverständigenrates für die Konzertierte Aktion im Gesundheitswesen – Bedarfsgerechtigkeit und Wirtschaftlichkeit. Band I: Zielbildung, Prävention, Nutzerorientierung und Partizipation. Drucksache 14/5660 vom 21.03.2001.

Ewers, M., Schaeffer S. (1999). Herausforderungen für die ambulante Pflege Schwerstkranker. Eine Situationsanalyse nach Einführung der Pflegeversicherung. Bielefeld: Universität Bielefeld. Institut für Pflegewissenschaft.

Kanfer, F. H., Reinicker, H., Schmelzer D. (1996). Selbstmanagement-Therapie. Berlin: Springer-Verlag.

Schmid, W. (1998). Philosophie der Lebenskunst. Frankfurt/M.: Suhrkamp.

Weingartner, P. (1980). Gegenstandsbereich. In: Speck, J. Handbuch wissenschaftstheoretischer Grundbegriffe. Göttingen: Vandenhoeck & Ruprecht.

Marianne Rabe

Fürsorge und Selbstsorge als ethische Grundorientierungen der Pflege

In meinem Beitrag will ich den ethischen Implikationen der Selbstsorge nachgehen. Zunächst zeige ich Spuren des pflegerischen Ethos auf, das die Aufopferung zum ethischen Prinzip erhob und noch heute teilweise wirksam ist. Daraus erklärt sich, dass die Sorge für sich selbst bei Pflegenden oft wenig entwickelt ist. Anschließend will ich das Verhältnis von Fürsorge und Autonomie als ethische Prinzipien für die Pflege und ihr Verhältnis zur Selbstsorge erläutern und für eine Wiederentdeckung der Selbstsorge in zweierlei Hinsicht plädieren: zum einen als Element der professionellen Grundhaltung von Pflegenden, zum anderen als Ziel der Pflege. Den Abschluss bilden einige Gedanken darüber, welche Folgen das für die Bildung von Pflegenden haben sollte.

1. »An sich selbst zu denken ist schlechte Gewohnheit«

Die Verherrlichung der Selbstlosigkeit hat Tradition in der Pflege:

> »Von Hause aus, seiner Natur nach, besitzt der *Mann* alles eher als Selbstlosigkeit. Der Mann ist Egoist und soll es auch sein; er hat sein eigenes Ich, seine Individualität scharf auszuprägen und zu behaupten. Die *Frau* ist dazu bestimmt, mit ihrer Person zurückzutreten, sich selbst zu vergessen, sich aufzuopfern für andere; ihr allein gebührt dafür auch die Palme der Selbstlosigkeit. Schon die Natur weist der Frau diese entsagungsvolle Stelle an, sie richtet des Weibes Denken und Trachten von allem Anfang an auf Selbstlosigkeit und Selbstvergessen.« (Schneider 1901, zit. nach Bischoff 1997, S. 84)

Bischoff hat, schon bevor der Begriff existierte, die Gender-Problematik im Gesundheitswesen beschrieben und gezeigt, wie ein ideologisches Weiblichkeitsideal auf die Entwicklung der Pflege, aber auch auf die Machtverteilung im Gesundheitswesen Einfluss nahm. Aufopferung, Gehorsam und Geduld waren zentrale Tugenden. Dies hat natürlich auch mit den christlichen Wurzeln des pflegerischen Ethos zu tun, der am Anfang des 19. Jahrhunderts in Gestalt des pietistischen Pastors Fliedner noch einmal besonders streng auf Gehorsam und Selbstverleugnung setzte. Selbstsorge im Sinne von Selbstverwirklichung und Streben nach einem guten Leben war danach verpönt.

Der Theologe und Pflegewissenschaftler Hans-Ulrich Dallmann sieht das ungeklärte Verhältnis von Fürsorge und Selbstsorge als ein Strukturproblem des Pflegeberufs (Dallmann 2003, S. 6). In der Geschichte der Pflege wurde mit dem Nächstenliebeideal zwar Unterordnung und Aufopferung, nicht aber Selbstsorge vermittelt, was immer auch die Tendenz zur Selbstüberforderung in sich birgt, deren Folgen Burnout und Gewalt ja inzwischen vielfach erforscht sind.

Hartmut Remmers moniert die Berufsfeindlichkeit des Leitbildes, das Pflege als Dienst am Nächsten sieht.

»Mit der – überaus krisenträchtigen – Auflösung des altruistischen Motivs wird offensichtlich die Schwelle zur Professionalisierung überschritten.« (Remmers 2000, S. 285)

2. Fürsorge, Autonomie, Selbstsorge

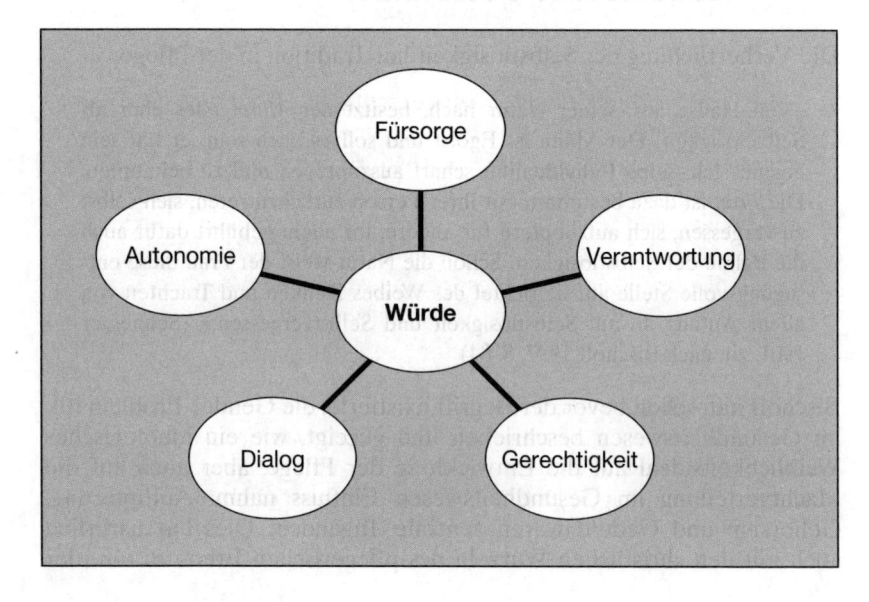

Ethische Prinzipien für die Pflege verstehe ich als Konkretisierungen des Moralprinzips, das dem menschlichen Handeln und Denken immer schon zugrunde liegt. Die Prinzipien sind übergeordnete Orientierungen und unterstützen die ethische Reflexion. Die Würde des Menschen steht als übergeordnetes Prinzip im Mittelpunkt, mit der Vorstellung, dass sie die oberste Orientierung für die Ethik im Gesundheitswesen ist und alle möglichen anderen Prinzipien schon enthält. Die Würde ist das unbestimmteste und formalste der Prinzipien – die anderen fünf Prinzipien sind auf sie bezogen und stellen Konkretisierungen dieses Moralprinzips dar, die in ihrer Gesamtheit das umfassen, was die Würde ausmacht. Die Prinzipien ergänzen und korrigieren einander. Die Überbetonung eines Prinzips, etwa der Autonomie, führt zur Verletzung anderer Prinzipien, etwa der Fürsorge oder der Gerechtigkeit.

Obwohl die Fürsorge in Verruf gekommen ist, weil sie mit Paternalismus und mit Entmündigung verbunden wird, halte ich sie aufgrund der leiblichen Nähe der Pflege und der zeitlichen Intensität der pflegerischen Betreuung für eine unverzichtbare ethische Orientierung der Pflege. Der formale, prinzipielle Aspekt der Fürsorge liegt darin, dass sie eine Antwort des Menschen auf die anthropologische Grundsituation der Verletzlichkeit und des Leidens ist. In allen Zeiten haben Menschen es als moralisch gut angesehen, für Kranke und Schwache zu sorgen so wie sie selbst sich von anderen in dieser Lage Fürsorge wünschen. In diesem Sinn ist Fürsorge eine universale moralische Orientierung.

In der Pflegeethik wird Fürsorge vor allem im Kontext mit der Care-Ethik diskutiert. Diese knüpft an Carol Gilligans Beschreibung einer spezifisch weiblichen Moral an, die sie in kritischer Auseinandersetzung mit Lawrence Kohlbergs Untersuchungen zur kindlichen Moralentwicklung entwickelte. Kohlberg untersuchte dabei nur Jungen, denen er eine Dilemma-Geschichte vorlegte. Daraus entwickelte er ein Stufenschema zur Moralentwicklung, die deutlich gerechtigkeitsorientiert ist. Wurden Mädchen mit dem gleichen Instrument untersucht, wurden sie durchwegs auf eine »niedrigere« Stufe der Moralentwicklung eingestuft. Gilligan zeigte in eigenen Untersuchungen, dass Mädchen nicht so sehr nur gerechtigkeits- und regelorientiert, sondern sehr stark auch beziehungs- und situationsorientiert entschieden und argumentierten. Das Postulat einer weiblichen Moral ist aber gerade von feministischer Seite mit Recht kritisiert worden, denn es zementiert patriarchale Strukturen, wenn es z.B. um »spezifisch weibliche« Tugenden wie Geduld, Fürsorglichkeit und Anteilnahme geht. Auch bei diesen Tugenden besteht die Gefahr, die Selbstsorge außer Acht zu lassen.

Wenn man sie als moralische Pflicht konzipiert, wie es in der Geschichte der Pflege geschah, wird daraus eine antiemanzipatorische Ideologie (Dallmann 2003, S. 11). Dallmann wirft auch die interessante Frage auf, ob *caring* und *nursing* identisch sind und stellt fest, dass es Ausdruck einer professionellen Grundhaltung sein kann, aus Respekt vor der Autonomie des Patienten auf *caring* gegebenenfalls auch zu verzichten (Dallmann 2003, S. 13).

Gegen die Fürsorge wird manchmal eingewendet, dass sie defizitorientiert sei, da sie ja asymmetrisch ist. Asymmetrie ist allerdings eine anthropologische Grundgegebenheit – dies sollte anerkannt werden, auch wenn pflegerisches Handeln der Tendenz nach auf Verselbständigung setzt. Aber auch das darf nicht zur Norm werden. Pflegende und Patienten (und deren Angehörige) müssen sich evtl. auch mit dauernder Hilfsbedürftigkeit abfinden. Die ewige Beschwörung von Gesundheit wirkt bei der zunehmenden Zahl chronisch Kranker zynisch. Ziel von Pflege ist es vielmehr, auch das »beschädigte« Leben lebbar machen zu helfen.

Allerdings ist dafür die Achtung der Autonomie der Patienten unerlässlich. Fürsorge wird nicht ganz zu Unrecht oft mit Bevormundung und Entmündigung gleichgesetzt – sie ist auch lange so verstanden und praktiziert worden, und zwar nicht nur durch die Pflege, sondern auch durch die Medizin und selbst durch den Staat. Wir brauchen also eine Fürsorge ohne Paternalismus, also ohne die bei Helfern leider noch verbreitete Idee, besser zu wissen als der Patient, was für diesen gut ist, und, so Rehbock, wir brauchen eine Fürsorge ohne Selbstaufopferung (Rehbock 2002, S. 20–22).

Auch die Autonomie wird oft missverständlich als bloße Selbstverwirklichung bis hin zum Egoismus gedeutet. Dabei wird aber ausgeklammert, dass jeder Mensch auf Gemeinschaft verwiesen ist. Ohne die Fürsorge seiner Mitmenschen und auch die des Staates (Infrastruktur) kann niemand Autonomie entwickeln. Das Kantische Verständnis der Autonomie als Selbstgesetzlichkeit ist Grundlage des heutigen Autonomieverständnisses in der Ethik, und in diesem Sinn wird die Autonomie hier als ethisches Prinzip verstanden.

Fürsorge und Autonomie sind keine Alternativen in dem Sinn wie es oft in der Pflege angenommen wird: ist der Patient wach und ansprechbar, regiert das Autonomieprinzip, ist er dement, verwirrt oder komatös, tritt das Fürsorgeprinzip an seine Stelle. Wohlverstandene Fürsorge ist immer auch Sorge für die Autonomie und damit für die Fähigkeit zur Selbstsorge. Auch der selbstbewusste, aktive Patient bedarf der Fürsorge, auch der Komatöse und Demente hat eine Autonomie, die eng mit seiner Würde verbunden ist. Es ist Ausdruck pflegerischer Professionalität, beides wahrzunehmen. Autonomie ohne Fürsorglichkeit sich selbst und anderen gegenüber birgt die Gefahr des Solipsismus und der Gleichgültigkeit in sich.

Dallmann weist auf das Gewaltpotential von Fürsorgebeziehungen hin (Dallmann 2003, S. 12) und, das ergänze ich, dieses Gewaltpotential existiert natürlich vor allem da, wo die Selbstsorge der Helfer nicht gegeben ist. Selbstsorge ist also eine Vorbedingung sowohl für Autonomie als auch für Fürsorge. Selbstsorge verstehe ich hier im Sinn von Sorge um uns selbst, die wir *selbst* leisten müssen (Rehbock 2005, S. 323), Sorge um unser eigenes Wohlbefinden, Selbstwertschätzung, Streben nach einem gelingenden sinnerfüllten Leben.

Dass und wie Fürsorge, Selbstsorge und Autonomie einander ergänzen, lässt sich gut anhand einer paradigmatischen Fallgeschichte deutlich machen:

> »Es war ein Mensch, der ging von Jerusalem hinab nach Jericho und fiel unter die Räuber; die zogen ihn aus und schlugen ihn und machten sich davon und ließen ihn halbtot liegen. (...) Ein Samariter aber, der auf der Reise war, kam dahin; und als er ihn sah, jammerte er ihn; und er ging zu ihm, goss Öl und Wein auf seine Wunden und verband sie ihm, hob ihn auf sein Tier und brachte ihn in eine Herberge und pflegte ihn. Am nächsten Tag zog er zwei Silbergroschen heraus, gab sie dem Wirt und sprach: Pflege ihn; und wenn du mehr ausgibst, will ich dir's bezahlen, wenn ich wiederkomme.« (Neues Testament, Lukas 10, 30–35)

Was können wir aus dem Gleichnis vom barmherzigen Samariter für eine säkulare Ethik in der Pflege und für den Zusammenhang von Fürsorge, Selbstsorge und Autonomie lernen (vgl. dazu auch Rehbock 2002, S. 19)?
– Die Grundlage der Fürsorge ist die Ansprechbarkeit für den Mitmenschen (»es jammerte ihn«), ein Mitgefühl aufgrund der gemeinsam geteilten menschlichen Grundsituation der Verletzlichkeit. Allen, die dort gingen, hätte es geschehen können, dass sie überfallen werden. Der Samariter geht zu dem Verletzten und wendet sich nicht ab. Er spürt den moralischen Appell, der aus der Not eines Mitmenschen grundsätzlich an uns alle ergeht und der die Grundlage mitmenschlicher Fürsorge ist.
– Der Samariter leistet lebensrettende, tatkräftige und uneigennützige Hilfe: er versorgt den Verletzten so, wie er selbst in dieser Lage gern behandelt werden würde. Dafür nimmt er Unannehmlichkeiten auf sich.
– Gleichzeitig begrenzt er seine Hilfe: der Samariter ändert nicht völlig seine Pläne, er opfert sich nicht auf, sondern er sorgt auch für sich selbst, indem er seine Reise fortsetzt. Seine Fürsorge ist aber nachhaltig, weil er den Wirt beauftragt, den Verletzten weiter zu pflegen.
– Hilfe kann also delegiert werden, sie kann bezahlt werden: nichts anderes geschieht in größerem Rahmen, wenn eine Gesellschaft für die allseits gewünschte und moralisch geforderte zwischenmenschliche Fürsorge Institutionen und Berufe schafft.
– Der Samariter wahrt Distanz zu dem Hilfsbedürftigen. Er beschämt den Verletzen nicht, er sorgt für das Nötige und macht sich selbst

überflüssig, ein Ausdruck des Respekts vor der Person des anderen, die auch heute als wichtige Tugend für Helfer aktuell ist.
– Im Kontext der Geschichte im Lukasevangelium antwortet Jesus auf eine theologisch-ethische Frage[1] mit einer Geschichte. Dies macht die grundsätzliche Situationalität ethischer Reflexion deutlich.

Die Geschichte vom barmherzigen Samariter verweist auf die anthropologische Dimension als Grundlage der Ethik. Ohne Reflexion auf die *conditio humana*, die gemeinsam geteilte menschliche Grundsituation, bleiben ethische Prinzipien praxisfern und können auch keine Wirkung für die Praxis entfalten. Zu den Grundbedingungen menschlicher Existenz gehören Leiblichkeit, Sprachlichkeit, Interpersonalität und Kulturalität (Rehbock 2005, S. 32–37).

Auf die besondere Wichtigkeit der Leiblichkeit für die Pflege verweisen Hartmut Remmers und Rainer Wettreck: die leibliche Nähe, so Wettreck, löst bei den Helfern Gefühle aus bis hin zur existenziellen Erschütterung (Wettreck 2001, S. 88). Eine ähnliche Erschütterung wird von dem Samariter berichtet, wenn es heißt »es jammerte ihn«.

Aus der Einsicht, dass wir Menschen alle bedürftig und deshalb aufeinander angewiesen sind, ergibt sich für Wilhelm Kamlah folgende »praktische Grundnorm« der Ethik: »Beachte, dass die Anderen bedürftige Menschen sind wie du selbst, und handle demgemäß!« (Kamlah 1973, S. 95). Kamlah beschreibt damit die Fürsorge als moralische Pflicht, welche die Anerkennung auch des Hilfsbedürftigen als personales Gegenüber einschließt. Selbstsorge und Selbstwertschätzung sind jedoch die Möglichkeitsbedingungen sowohl von Empathie als auch von sensibler Wahrnehmung.

Die Wichtigkeit einer guten Selbstsorge als Voraussetzung für die Sorge für andere erkannte schon im 12. Jahrhundert Bernhard von Clairvaux. »Gönne dich dir selbst!« fordert er in seiner Schrift »Über die Besinnung« von dem offenbar überarbeiteten Papst Eugen III.:

---

1 Der Schriftgelehrte fragte Jesus zunächst: »Was muss ich tun, dass ich das ewige Leben ererbe?« (Lk. 10, 25), worauf Jesus ihn an das Doppelgebot der Gottes- und Nächstenliebe erinnerte: »Du sollst den Herrn, deinen Gott, lieben von ganzem Herzen, von ganzer Seele, von allen Kräften und von ganzem Gemüt, und deinen Nächsten wie dich selbst.« (Lk. 10, 27). Mit der Geschichte vom barmherzigen Samariter antwortet Jesus dann auf die Nachfrage: »Wer ist denn mein Nächster?«
Das Nächstenliebegebot ist für das Thema Selbstsorge deshalb bedeutsam, weil es neben der Nächstenliebe auch die Liebe zu sich selbst gebietet, was gerade in der pietistischen Tradition gerne unterschlagen oder umgedeutet wurde.

> »Wenn du vom Wunsch beseelt bist, für alle dazusein [...], so lobe ich deine Menschenliebe, doch nur, wenn sie vollkommen ist. Wie kann sie aber vollkommen sein, wenn du ausgeschlossen bist?«
> »Denn was nützt es dir sonst, wenn du alle gewinnst, wie der Herr sagt, dich selber aber verlierst?«

Und er fährt fort:

> »Wer gegen sich selbst böse ist, gegen wen ist der gut? Achte also darauf, dass du dir [– ... –] Zeit für dich selber nimmst!«

Dieser Rat ist auch für die heutigen Helfer aktuell, seien es nun Pflegende, Ärzte, Psychologen, Seelsorger oder Berater, denn wer sich in einem Helfersyndrom verrennt, wer sich selbst vergisst, der verfehlt vor lauter guten Absichten seine moralischen und fachlichen Ziele. In seinem Gedicht »An die Nachgeborenen« bittet Bertolt Brecht um Nachsicht für die, die in finsteren Zeiten leben und das Gute für die Menschheit wollen, aber selbst oft das Gute nicht leben können – in zornigem, hektischem Streben nach dem Guten »verging die Zeit, die auf Erden mir gegeben war« – und er endet mit der traurigen Feststellung:

> »Ach, wir Die wir den Boden bereiten wollten für Freundlichkeit Konnten selbst nicht freundlich sein.« (Brecht 1976, S. 724)

Ein trauriges Fazit, das auch manchmal am Ende von pflegerischer Selbstaufopferung steht. Wer sich selbst nichts gönnt und *sich* sich selbst nicht gönnt, wird unfreundlich, verbittert und zynisch. Er ist ein schlechter Helfer.

3. Selbstsorge muss für die Pflege neu entdeckt werden

Da Selbstsorge eine wichtige Bedingung nicht nur für moralisches Handeln von Helfern, sondern auch für ein gelingendes Leben ist, sollte sie für die Pflege neu entdeckt werden. Dies in zweifacher Weise:

3.1 Selbstsorge als Ziel der Pflege

Selbstsorge des Patienten als Ziel der Pflege zu definieren ist zunächst ein wichtiger Schritt weg vom »Bemuttern« und Überversorgen. Dennoch besteht auch hier die Gefahr, dass die Autonomie der Patienten missachtet wird, wenn es ihnen nämlich nicht selbst überlassen wird zu entscheiden, in welchem Sinn und mit welchem Ziel sie für sich selbst sorgen wollen. Die notwendige Fürsorge zeigt sich bei der aktivierenden Pflege in der Beratung, dabei ist aber das Selbstbestimmungsrecht des Patienten zu respektieren – und mit diesem steht die Pflege noch mindestens ebenso auf Kriegsfuß wie die Medizin. Die Pflege muss noch mehr Wachheit für die alltäglichen Situationen entwickeln, in denen sie schon strukturell in der Gefahr steht, Patienten zu bevormunden oder Übergriffe in ihre Privatsphäre zu begehen.

In diesem Zusammenhang will ich einige kritische Anmerkungen zu der sehr bekannten und allgemein gut akzeptierten Pflegetheorie von Dorothea Orem einfügen, da diese Theorie auf dem mit der Selbstsorge zumindest nahe verwandten Begriff der Selbstpflege (*self care*) basiert. Orems Theorie der Selbstpflege, des Selbstpflegedefizits und des pflegerischen Handlungssystems, geht nicht wie andere Pflegemodelle von Bedürfnissen, sondern von quasi objektiven, auf wissenschaftlichen Konsensen beruhenden Selbstpflege-Erfordernissen aus, denen sich ein vernünftiger, normal entwickelter Mensch eigentlich nicht entziehen dürfte[2]. So entsteht der Eindruck, dass die Patientenautonomie dem Fachwissen der Pflegenden unterzuordnen ist, die Pflegeziele werden von der Pflege festgelegt. Damit beansprucht die Pflege die Definitionsmacht darüber, was normal ist und welche Selbstpflegedefizite bestehen. Vom Willen des Patienten als begrenzendem Faktor für pflegerische Interventionen ist in Orems Ausführungen nicht die Rede.[3] Manfred Hülsken-Giesler spricht sogar von einer »systematischen Ausblendung der Perspektive des Anderen« (Hülsken-Giesler 2002, S. 240). Bobbert betont demgegenüber das Recht des Patienten auf Festlegung dessen,

---

2 Vgl. Bobbert 2002, S. 262–264. Sie bezieht sich dabei auf Orem 1997, S. 208 ff. Diesen Aspekt kritisiert auch Remmers 2000, S. 143: »Zum anderen ist deutlich zu machen, dass die von Orem akzentuierten Rollen ausschließlich aus der Handlungsperspektive der Profession zugewiesen werden.«

3 »Das Verständnis der Patienten für ihre eigenen Gesundheitspflegeerfordernisse, [...] und das Bewußtsein für ihre Fähigkeit oder Unfähigkeit, sich für eine effektive, erforderliche Selbstpflege zu engagieren und mit Pflegenden und Ärzten kooperativ zusammenzuarbeiten, stellen für Pflegekräfte wichtige *Informationen* dar, über die sie bei der Hilfe für Patienten *verfügen* müssen und die sie *nutzen* sollten. Jede Pflegekraft sollte eine *Strategie* entwickeln, die es ihr ermöglicht, in kurzer Zeit die Ansichten der einzelnen Patienten über ihre Gesundheitspflegesituation sowie ihre Situation und ihre Interessen *einschätzen* zu können.« Orem 1997, S. 371, Hervorhebungen M.R.

was er als sein eigenes Wohl ansieht, auch gegen die fachlichen Überzeugungen des Pflegepersonals[4] (Bobbert 2002, S. 229 f.).

Orems Modell gehört zu den Pflegemodellen, die sich an Regulationskreisen und damit an biologischen und funktionalen Modellen sowie an der Systemtheorie orientieren, wobei sie wichtige individuelle, kulturelle, soziale und lebensgeschichtliche Fakten ausblenden[5], was sich auch deutlich in einer mechanistischen und funktionalistischen Sprache äußert (z.B. »Die Variable Patient«, Orem 1997, S. 203 ff.).

Kollak sieht als Vorteil des Oremschen Modells seine Ressourcenorientierung. Die starke Betonung von Selbstsorge und Selbstverantwortung in der aktuellen Debatte um die Reform des Gesundheitswesens hat, so Kollak, jedoch auch eine gesellschaftspolitische Bedeutung: hier geht es schlicht um eine stärkere Kostenbeteiligung der Patienten (Kollak 2005, S. 87 ff.).

Angesichts der genannten Probleme in diesem prominenten Konzept der Selbstpflege stellt sich für Pflegende die moralische Aufgabe, Selbständigkeit und die Fähigkeit zu Selbstsorge bei den Patient/innen zu fördern, ohne sie aufzuzwingen und ohne eigene Wertungen und Einschätzungen anders als beratend einzubringen. Patientenorientierung heißt: dem Patienten helfen, den *für ihn* besten Weg zu finden. Ethisch reflektierte Förderung der Selbstsorge ist fürsorglich und respektiert gleichzeitig die Eigenheiten und Wünsche des Patienten, auch wenn dies dem *»state of the art«* widerspricht. Remmers weist grundsätzlich darauf hin, dass den Patienten Autonomie nicht aufgezwungen werden darf (Remmers 2002, S. 254).

Die Pflege kann die Patienten unterstützen, ihnen aber nicht vorschreiben, wie sie ihre Selbstsorge wahrnehmen sollen. Fürsorge ohne Respektierung der Autonomie ist übergriffig und moralisch zu kritisieren. Autonomie ohne Fürsorglichkeit dagegen rutscht leicht in Gleichgültigkeit ab.

Um mit »eigenwilligen« Patienten humorvoll und wertschätzend umzugehen und kreativ nach Lösungen suchen zu können, die die Patienten auch nach der Entlassung als Hilfe ansehen und weiterführen,

---

4 Orem geht dagegen davon aus, dass das Selbstpflegeerfordernis nicht vom Patienten selbst zu definieren ist. So heißt es auf S. 222: »Wenn beispielsweise die Lebensstrukturen des Patienten das gewohnheitsmäßige Rauchen beinhalten, ist das *Selbstpflegeerfordernis, die Lungen und den Körper frei von Teer und anderen gefährdenden Stoffen zu halten,* ein aktuelles Erfordernis, und das *Mittel zur Erfüllung* ist, das Rauchen zu beenden, …« (Hervorh. im Original).
5 Remmers 2000, S. 144–147; Hülsken-Giesler 2002, S. 239.

braucht es persönliche Fähigkeiten der Pflegenden, deren Grundlage die Selbstsorge ist.

3.2 Selbstsorge der Pflegenden als Grundlage einer professionellen, menschenfreundlichen Grundhaltung

Zu guter Pflege gehört mehr als Geschicklichkeit und gute Fachkenntnisse. Gerade weil die Pflege so intensiv und intim mit den Patienten umzugehen hat, weil sie besonders nah am Erleben und Bewältigen von Krankheit und den durch sie bewirkten Brüchen im Leben ist, und nicht zuletzt, weil die Beziehung zwischen Pflegenden und Patienten notwendig asymmetrisch ist, also die Gefahr des Machtmissbrauchs beinhaltet, deshalb sind personale Fähigkeiten, Selbstreflexion, achtsame Wahrnehmung, Freundlichkeit, kurz: eine reflektierte professionelle Grundhaltung so wichtig für die Pflege.

Eine solche Grundhaltung beinhaltet vor allem die ständige Reflexion des eigenen Handelns, der eigenen Gefühle und Erfahrungen – auch als Voraussetzung dafür, eigene Grenzen erkennen und nötigenfalls verteidigen zu können. Ruth Schwerdt spricht vom »Ziehen der Demarkationslinie im situativen Kontext« (Schwerdt 1998, S. 416). Gemeint ist die Fähigkeit, potentiell überfordernde Situationen im Sinne von Selbstsorge und Respekt vor dem Pflegebedürftigen zu lösen, eine Fähigkeit, die Gewalt in belastenden Situationen vermeidet. Diese Fähigkeit bewahrt auch vor Resignation und moralischer Überforderung.

Die Grundhaltung des Respekts vor dem Anderssein und Gewordensein des Patienten, achtsame Wahrnehmung mit der Fähigkeit zur Perspektivenübernahme und der kompetente Umgang mit eigenen Gefühlen und den Gefühlen Anderer sind Elemente der personalen Kompetenz, die im neuen Krankenpflegegesetz (§ 3) neben der fachlichen, methodischen und sozialen Kompetenz ausdrücklich als Bildungsziel für die Pflege benannt wurde. Damit wird der Bedeutung der *»soft skills«* für die Pflege auch offiziell Rechnung getragen.

4. Konsequenzen für die Bildung

Wie aber können diese persönlichen Kompetenzen in der Ausbildung »erzeugt« werden? In der Didaktik hat sich längst eine Wende von der sogenannten »Erzeugungsdidaktik« zur »Ermöglichungsdidaktik« vollzogen, die der Erkenntnis Rechnung trägt, dass Lernen nur durch das Subjekt selbst geleistet werden kann, durch eigene Aneignung und

Bedeutungszuweisung. Dies gilt insbesondere für Haltungen und persönliche Eigenschaften. Da die Auszubildenden junge Erwachsene sind, ist es ohnehin eine Illusion, ihnen Haltungen, Überzeugungen oder personale Fähigkeiten »beibringen« zu können. Die Möglichkeiten der Ausbildung liegen in der Förderung der Potentiale, welche die Lernenden mitbringen und in der Unterstützung ihrer persönlichen Entwicklung durch soziales Lernen in der Gruppe und an ihren praktischen Erfahrungen.

Die Didaktik selbst kann ebenso wie das Verständnis von Pflege nicht »neutral« sein, sondern legt mit den genannten Schlüsselqualifikationen auch eine Wertorientierung zugrunde. Wer wertorientiert ausbilden will und die Entstehung der beschriebenen professionellen Grundhaltung ermöglichen und fördern will, der muss die Lernenden als Person stark machen (und dafür natürlich selbst als Person souverän sein). Ermutigung zur Selbstsorge, Wertschätzung und Anleitung zur Selbstreflexion und Selbstwertschätzung sind dafür wichtige Faktoren. Letztlich müssen wir Lehrenden mit den Lernenden so umgehen wie wir möchten, dass sie später mit den ihnen anvertrauten kranken Menschen umgehen. Dafür braucht es mehr als einzelne engagierte Lehrer, es braucht ein positives Umfeld sowohl in der Bildungseinrichtung als auch im betrieblichen Lernumfeld.

Ohne dass der Einzelne von seiner moralischen Verantwortung für sein Handeln oder Unterlassen dispensiert würde, zeigt sich hier die Wichtigkeit von Organisationsethik. Nicht nur einzelne Akteure, sondern auch Institutionen haben eine Moral. Die Organisationen, in denen gelernt wird, hier also Schule und Krankenhaus, sollen Vorbilder geben und den Lernenden Partizipation ermöglichen. Dafür braucht es Offenheit, auch in der Planung, flache Hierarchien, Mitwirkungsmöglichkeiten und einen konstruktiven Umgang mit Fehlern. Die Schlüsselqualifikationen, also die fachliche, methodische, soziale und personale Kompetenz sind miteinander verschränkt: guter Sachunterricht klammert das Erleben nicht aus; erfahrungsorientierter Unterricht sucht auch nach Wissenshintergründen. Emotionales und kognitives Lernen sollen verbunden werden, oder, wie Hartmut von Hentig forderte: die Schule soll »die Menschen stärken *und* die Sachen klären« (v. Hentig 1999, S. 55). Ziel der Ausbildung ist nicht die Erzeugung einzelner Fähigkeiten, sondern die Bildung der ganzen Person – dazu gehören praktische Fertigkeiten ebenso wie die schon erwähnte professionelle Grundhaltung, die nur durch persönliche Entwicklung wachsen kann.

Voraussetzungen für personale und kommunikative Kompetenzen sind Selbstsorge und Selbstwertschätzung der Auszubildenden bzw. der Pflegenden. Sie ermöglichen gelingende Fürsorge, Fürsorge ohne Paternalismus und ohne Selbstaufopferung also, die das Anderssein der pflegebedürftigen Menschen, mit Respekt wahrnehmen kann und damit auch die ganz eigene Selbstsorge der Patienten nicht nach »objektiven« Kriterien beurteilt, sondern sie in der Weise fördert, dass die Patienten den für sie selbst besten Weg finden und verfolgen können.

Literatur

Brecht, Bertolt (1976). Gesammelte Gedichte. Frankfurt: Suhrkamp.
Bibel. Lutherbibel. Standardausgabe in neuer Rechtschreibung (1999). Stuttgart: Deutsche Bibelgesellschaft.
Bischoff, Claudia (1997). Frauen in der Krankenpflege. Zur Entwicklung von Frauenrolle und Frauenberufstätigkeit im 19. und 20. Jahrhundert. Frankfurt, New York: Campus.
Bobbert, Monika (2002). Patientenautonomie und berufliche Pflege. Begründung und Anwendung eines moralischen Rechts. Frankfurt, New York: Campus.
Dallmann, Hans-Ulrich (2003). Fürsorge als Prinzip. Überlegungen zur Grundlegung einer Pflegeethik. Zeitschrift für Evangelische Ethik. 47. Jg. Zürich. S. 5–20.
v. Hentig, Hartmut (1999). Bildung, Weinheim und Basel: Beltz.
Hülsken-Giesler, Manfred (2002). Selbstpflegekompetenz als Leitidee einer Ausbildung in der Pflege? PR-internet, 12/02. S. 236–242. [www.printernet.info].
Kollak, Ingrid (2005). Zum Begriff der Selbstsorge zwischen Auflösung bestehender Unterstützungssysteme und Entwicklung emanzipatorischer Gesundheitsförderung. In: Abt-Zegelin, Schnell. Sprache und Pflege. S. 83–93.
Oelke, Uta (2003). »An sich selbst zu denken, ist schlechte Gewohnheit ...« Von der Schwesternerziehung zur Pflegepädagogik. Pflegemagazin. 4.Jg. H.2. Hamburg. S. 10–15.
Orem, Dorothea E. (1997). Strukturkonzepte der Pflegepraxis. Berlin, Wiesbaden: Ullstein Mosby.
Rabe, Marianne (2001).Von selbstloser Aufopferung zur Berufsethik. Wertorientierungen der Krankenpflege in ihrer historischen Entwicklung und in ihren Ethik-Kodizes. In: Dietrich v. Engelhardt, Volker v. Loewenich (eds.). Die Heilberufe auf der Suche nach ihrer Identität. Münster: Lit-Verlag.
Rehbock, Theda (2002). Fürsorge. Verstaubter Begriff oder zeitgemäßes Prinzip? In: AG Pflege und Ethik (ed). Ethik-Theorie im Pflegeunterricht. »Mein Wille geschehe ...!?« Die Pflege im Spannungsfeld von Autonomie und Fürsorge. Broschüre der Akademie für Ethik in der Medizin. Göttingen. S. 15–24.
Rehbock, Theda (2005). Personsein in Grenzsituationen. Zur Kritik der Ethik medizinischen Handelns. Paderborn: Mentis.
Remmers, Hartmut (2000). Pflegerisches Handeln. Wissenschafts- und Ethikdiskurse zur Konturierung der Pflegewissenschaft. Bern: Huber.

Schwerdt, Ruth (1998). Eine Ethik für die Altenpflege. Bern: Huber.
Sill, Bernhard (2006). »Gönne dich dir selbst!«. Eine Lebensregel des heiligen Bernhard von Clairvaux. Deutschlandfunk. Am Sonntagmorgen. 2.7.2006. (Manuskript der Sendung).
Wettreck, Rainer (2001). Am Bett ist alles anders. – Perspektiven professioneller Pflegeethik. Münster: Lit-Verlag.

Monika Lehmann

Hintergründe zum Verständnis von Migranten im Pflegeprozess

Unser Jahrhundert wird, so wie auch das vergangene Jahrhundert, große Migrationsströme erleben. Allein im letzten Jahrhundert verließen weit mehr als hundert Millionen Menschen ihre Heimat. Viele taten dies, um Krieg, Verfolgung und Naturkatastrophen zu entgehen, viele, um andere Länder – je nach ideologischer Definition – zu erobern oder zu schützen, viele um irgendwo Arbeit zu finden oder um zu studieren, und eine Minderheit, einfach weil es schön und abenteuerlich sein kann neue Kulturen kennen zu lernen. Theoretisch ist Migration ein Evolutionsprozess, ein komplexer, differenzierter und vor allen Dingen auch ein notwendiger Teil unserer Entwicklung. Auf der individuellen Ebene, und was immer die Ursache für Migration sein mag, unabhängig davon, welches Maß an Freiwilligkeit diesem Prozess zugrunde liegt, bringt Migration das Individuum häufig an die Grenze seiner Anpassungsfähigkeit. Sie bringt auch die Aufnahmeländer oftmals an die Grenze ihrer Anpassungsfähigkeit. Wir sehen dies im Alltag, wir reflektieren es sprachlich – der über lange Zeit hinweg beliebte und recht euphorisch verwendete Begriff »multikulti« ist in der Rezession und, um ein Zitat von Karl-Friedrich Wessel sinngemäß zu verwenden, »Ein beliebiges Mischen von Elementen verschiedener Kulturen ist überhaupt keine Kultur mehr.« ... Für die Individuen bedeutet dies, dass das Bekennen zu einer spezifischen kulturellen Identität erst die Möglichkeit eines beziehungsreichen Nebeneinanders eröffnet.

Wenn wir dies als Grundgedanken akzeptieren, dann akzeptieren wir auch die Tatsache, dass wir im medizinischen bzw. pflegerischen Bereich nur unseren Vorstellungen von Effizienz der Behandlung, von gegenseitiger Wertschätzung und Empathie nahe kommen können, wenn wir den Patienten erstens im kulturellen Kontext sehen, seine kulturelle Identität und zweitens auch seine im Zuge des Migrationsprozesses erbrachte Adaptationsleistung in unseren Behandlungsplan einbeziehen.

Dieser zweite Aspekt ist es, auf den ich besonders eingehen möchte. Jede Kultur hat ihr habituelles, oft nur von Angehörigen der medizinischen Berufe hinterfragtes Funktionssystem Medizin, wird aber im Alltag des Individuums entscheidend sein für den Umgang mit Krankheit und Gesundheitsverhalten. Es beinhaltet das Wissen darüber, welche Erkrankungen schwer sind, wie lange der Kranke in der Familie gepflegt werden kann und wann ein Spezialist aufzusuchen ist. Es beinhaltet das Wissen über den Status des Erkrankten im Verwandtschaftssystem (»nur« ein alter oder junger Mensch, oder der »Ernährer« der Familie), es beinhaltet akzeptierte Heilinstanzen und deren Wertigkeit (z.B. die Präferenz weiblicher Gynäkologen). Es beinhaltet auch das Rollenverhalten im Krankheitsfall, die Rechte und Pflichten des Erkrankten oder die Rechte und Pflichten der im engeren und im weiteren Sinne beteiligten Angehörigen und natürlich auch die Rechte und Pflichten der medizinischen Berufe.

Jeder Angehörige der Heilberufe, der in der Patientenversorgung von Migranten tätig ist, weiß, dass Bemühungen oft ineffizient bleiben und dass die Ursachen dafür vielfältig sind, sei es das leidige Problem der Sprachbarriere, das oft zu aufwendiger Diagnostik führt, weil die Schilderung der Beschwerden nicht ohne weiteres auf die Erkrankung schließen lässt, seien es psychische Erkrankungen, die weder artikuliert noch akzeptiert werden, oder einfach das Problem der non-compliance oder das Problem Behandlungsabbruch. Letztere könnten sicherlich, wenn man den dazu notwendigen Zeitaufwand und die sprachlichen Probleme bewältigt, häufig darauf zurückgeführt werden, dass die Bewertung des kulturellen Konstruktes »Krankheit« aus sehr unterschiedlichen Ausgangssituationen erfolgte und stärkste Gemeinsamkeit in der beiderseitigen Hilflosigkeit im Hinblick auf die weit suboptimale Wirksamkeit der Behandlung besteht. Vorwiegend Migranten selbst, die im medizinischen Bereich oder in der Forschung tätig sind, und sowohl über die sprachliche als auch über die kulturelle Kompetenz verfügen, schildern immer wieder beeindruckend wie erleichtert Menschen reagierten, wenn sie nur ihre Erkrankung auf gewohnte Weise schildern konnten und mit alltäglicher Selbstverständlichkeit verstanden wurden.

Um Diagnosen zu akzeptieren, um Angebote zur Gesundung wahrnehmen zu können, müssten Migranten wesentliche Teile ihrer Kultur vergessen, verdrängen oder als gering erachten. Ein neues kulturelles Konstrukt »Krankheit« müsste adaptiert werden, im akuten Beschwerdenfall plötzlich, quasi im Selbststudium über Nacht, denn vergessen wir nicht, dass dieses Funktionssystem eben eher unreflektiert im jeweiligen Sozialisationsprozess praktisch aufgenommen wird. Wir erleben es im Alltagsgeschehen und selbst innerhalb eines Kulturkreises gibt es erhebliche Differenzen in den Verhaltens- und Erwartungsmustern. Das unvorbereitet zu leisten, ja überhaupt zu wissen, dass diese Leistung erforderlich sein könnte, ist für die überwältigende Mehrheit der Kranken und der Angehörigen der Heilberufe nicht möglich.

Angenommen es gäbe Planungsphasen, Migrations-Vorbereitungskurse, ähnlich wie sie für Schüler, die ein Schuljahr im Ausland absolvieren möchten, ja sehr wohl existieren. So bleibt immer noch die Tatsache, dass psychosoziale Besonderheiten des Migrationsprozesses selbst, der individuellen Bewältigung und Verarbeitung dieses tiefen Einschnittes in die meisten der Lebensbereiche, von Faktoren wie Rassismus ganz zu schweigen, aber genau diese Lebensphase als denkbar ungünstig für den erforderlichen Lernprozess gestalten. Die Bedeutung dieser Faktoren findet sich auch in der internationalen Literatur (Konzept der Entwurzelung, »Uprooting«). Es ist Inhalt der WHO-Dokumentation WHO/MNH 83.8 und soll Gesundheitsbehörden und Bildungseinrichtungen ein besseres Verständnis für die spezielle Problematik eines längerfristigen Auslandsaufenthaltes ermöglichen.

»Entwurzelung« wurde als Phänomen bereits von Kraepelin (1927) im Zusammenhang mit der Forderung nach einer sozial-orientierten Psychiatrie beschrieben. Epidemiologische psychiatrische Forschung konzentrierte sich in darauf folgenden Jahren jedoch vor allem unter den Begriffen »Migrationsforschung«, »Transkulturelle Psychiatrie« und »Nostalgie-Forschung«, so dass an dieser Stelle eine kurze begriffliche Präzisierung erfolgen soll.

1. Das nostalgische Phänomen »Heimweh«

Nostalgie wird allgemein als psychische Konsequenz physischer Trennung dargestellt und galt nicht nur im 17. Jahrhundert sowohl als schwere als auch als ansteckende Krankheit mit oft tödlichem Verlauf (Hoferus 1688, von Haller 1757, zit. nach Zwingmann 1978). Die erste bekannte Erwähnung des Wortes »Heimweh« fällt in das Jahr 1569 und entstammt einer Meldung an den Luzerner Rat. Darin heißt es, sei ein Vorfähnrich »gestorben vor heimwe« (Ramming-Thoen 1958). Jaspers schrieb 1909 seine medizinische Dissertation zum Thema »Heimweh und Verbrechen«. Klages (1930) beschreibt »... jene ganz ursprüngliche Heimatliebe, die im Trennungsfalle ein »Heimweh« von (mindestens bei Naturvölkern) lebensgefährlicher Heftigkeit zeitigt ...«. In zahlreichen Abhandlungen wurden Einzelschicksale und Massenerscheinungen von Nostalgie besonders bei schweizerischen und französischen Söldnern sowie bei Soldaten des amerikanischen Bürgerkrieges nicht nur als seelische, sondern auch als organische Krankheit, bzw. als »leichte Form von Wahnsinn« beschrieben. Menninger (1948) bezeichnet Heimweh als das im zweiten Weltkrieg häufigste der geringfügigen psychiatrischen Probleme.

Das Phänomen »Nostalgie« bzw. »Heimweh« wurde von Zwingmann (u.a. 1961, 1973, 1978, 1983) in langjährigen Studien systematisch erfasst und mehrdimensional in seiner psychologischen, psychopathologischen und ideologisch-politischen Bedeutung untersucht. Er definiert dieses

Phänomen als symbolische Rückkehr zu der persönlichen oder imaginären Vergangenheit, die den größten affektiven und psychischen Befriedigungswert bietet. Diese Rückkehr erfolgt auf Grundlage eines bewussten oder unbewussten Zustandes von Stress und/oder Angst, wobei nostalgisches Verhalten nicht nur durch eine erlebte, sondern auch durch eine antizipierte Trennung hervorgerufen werden kann. Exazerbierende Faktoren nostalgischer Reaktionen sind u.a. Krankheit, spezielle Festtage sowie optische, olfaktorische und andere Sinnesreize oder Objekte, die spezifischen Erinnerungswert besitzen. Von besonderer Bedeutung in diesem Zusammenhang sind selektive Wahrnehmungen, von Zwingmann als »nostalgische Illusion« bezeichnet. Darunter sind quantitative und qualitative Verzerrungen des retrospektierten Erlebnisraumes einer suggerierten Vergangenheit zu verstehen, d.h. Verschönerungen der Bezugsobjekte und Ereignisse. Wird die Trennung aufgehoben, so kann die Korrektur der nostalgischen Illusion zu schweren Konflikten und Enttäuschungen führen. Zur veränderten Wahrnehmung der neuen Umgebung schreibt Marbe (1925):

»Die neuen Personen und Sachen können unter dem Einfluss der Sehnsucht nach den alten Verhältnissen gleichgültig, ja sogar unlustbetont und geradezu widerwärtig werden, ihre Schattenseiten erscheinen dem an Heimweh leidenden übertrieben und wirken dadurch wieder verstärkend auf das Heimweh zurück.«

Nostalgisches Verhalten ist aber keinesfalls nur unter pathologischen Aspekten zu sehen. Ein Loslösen von der heimatlichen Umgebung und der mit ihr verbundenen affektiv-sozialen Befriedigung stellt im Leben vieler Menschen eine früher oder später zu lösende Entwicklungsaufgabe dar. Eine symbolische Rückkehr kann somit einerseits eine gewisse Affektkontinuität in der Übergangs- und Anpassungsphase bieten und andererseits eine spezielle emotionale Stützung in besonders schwierigen Situationen bewirken. Als krankhaft zu werten sind lediglich eine zum Anlass qualitativ und quantitativ unproportionale nostalgische Reaktion mit deutlicher Beeinträchtigung von Gesundheit und Leistungsfähigkeit, sowie eine nostalgische Einstellung, die sich hemmend auf Tätigkeit und Entwicklung auswirkt.

Kretschmer (1975) beschreibt in diesem Zusammenhang typische Kurzschlusshandlungen vor allem bei jungen Mädchen, sowie vorübergehendes seelisches Kränkeln in Form reaktiver Depressionen oder nervöser Allgemeinbeschwerden. Als häufigste Begleiterscheinung nostalgischer Reaktionen werden gastro-intestinale Störungen, Kopfschmerzen, Schlafstörungen, Depressionsgefühle, verringertes Einfühlungsvermögen, Ermüdungserscheinungen, erhöhte Sensitivität und Irritierbarkeit, verstärkte Aggressivität, verfolgungswahnartige Zustände, sowie ein erhöhtes allgemeines Angstniveau geschildert.

Die Diagnose der nostalgischen Reaktion wird sowohl durch kulturelle Unterschiede und Sprachschwierigkeiten als auch durch ein stereotypisches Rollenverständnis erschwert. Es gilt nach wie vor oftmals als »unmännlich«, unter der Trennung von Heim und Familie erlittene Gefühle zu zeigen, bzw. es wird nur Kindern zugestanden, dies zu tun. Nach Zwingmann (1961) ist deshalb auf Grund der Symptomatik sowie auf Grund der dargestellten diagnostischen Schwierigkeiten eine Verwechslung mit einer beginnenden Schizophrenie durchaus möglich.

2. Das Konzept der »Entwurzelung«

Unter menschlichen »Wurzeln« werden affektive, soziale, kognitive und andere interaktionale Prozesse im unmittelbaren Lebensbereich des Menschen verstanden (u.a. Pfister-Ammende 1973, Müller-Hegemann 1973, Zwingmann/Gunn 1983). Wurzeln bestimmen in hohem Maße die Lebensqualität des jeweiligen Individuums. In ihrer Gesamtheit charakterisieren sie ein Niveau der habituellen Befriedigung der Bedürfnisse nach sozialer Interaktion. Lebensbereich und Rahmenbedingungen (dazu gehören Familie, soziale Gemeinschaft, Sprache, Traditionen, gewohnte Befindlichkeiten etc.) sind demnach das Äquivalent für »Nährboden«. »Entwurzelung« bedeutet folglich eine zeitweilige oder dauerhafte Einschränkung bzw. Unterbrechung der Interaktionsprozesse des Individuums mit seinen unmittelbaren Lebensbereichen, bzw. seinen affektiven Bezugsobjekten.

»Entwurzelung« umfasst den Zeitraum zwischen Unterbrechung bzw. Einschränkung der sozialen Interaktionsprozesse und der damit verbundenen habituellen Befriedigung der Interaktionsbedürfnisse und dem Zeitpunkt der Wiederherstellung des vorherigen – oder eines höheren – Niveaus und wird interindividuell differenziert, als Stress erlebt. Dieser Zeitraum kann kurz sein oder auch viele Jahre dauern. Demzufolge lassen sich verschiedene Reaktionsformen unterscheiden:

Die adäquate Reaktion
Das Individuum erreicht innerhalb einer angemessenen Zeitspanne das gewohnte bzw. ein höheres Niveau der auf soziale Interaktion bezogenen Bedürfnisbefriedigung. Während dieser Zeit bleiben Anspruchsniveau, Durchsetzungsvermögen, berufliche Kompetenz, Motivation etc. im Wesentlichen erhalten.

Die inadäquate Reaktion
Das Individuum bemüht sich um befriedigende soziale Interaktionen, erlebt aber eine Dissonanz zwischen seinen Bemühungen und dem wirklich erreichten Niveau. Seine kognitiven, physiologischen und psychosozialen Funktionen sind im Vergleich zum Status vor der Entwurzelung nachweisbar beeinträchtigt.

Die pathologische Reaktion
Das Individuum verzichtet auf eigene Bemühungen um eine angemessene Wiederherstellung der gewohnten Interaktionsprozesse. Interventionsbemühungen der Umwelt werden unangemessen verarbeitet. Retrospektiv-depressive Reaktionen sind so exzessiv und persistent, dass eine realistische Umwelt- und Zielorientierung zum Zwecke der Etablierung befriedigender Interaktionsprozesse unterbleiben.

Die inadäquate und die pathologische Reaktion auf Entwurzelung können als »Entwurzelungs-Störungen« bezeichnet werden. Im weitesten ätiologischen Sinne sind sie das Produkt aus vor der Entwurzelung vorhandener psychischer, physischer und sozialer Beeinträchtigungen und interaktionaler Inkompetenzen und den durch den Aufenthalt im Gastland bedingten oder hervorgerufenen Beeinträchtigungen.

Zum Verlauf der Entwurzelungsreaktion
Der Verlauf der Entwurzelungsreaktion wird sowohl durch intrinsische als auch durch extrinsische Faktoren bestimmt. Zu den intrinsischen Faktoren gehören u.a.:
– der gegenwärtige bzw. der vorherige physische und psychische Gesundheitszustand
– ideologische und ethische Werte und Normen
– emotionale Reife, Frustrationstoleranz, Erfolgs- bzw. Misserfolgsorientiertheit
– motivationale Hintergründe
– bisherige Erfahrungen hinsichtlich eigener oder fremder Entwurzelung
– Fähigkeit zum Erwerb der benötigten Fremdsprache

Extrinsische Faktoren sind vor allem:
– politisch-wirtschaftliche und ideologische bzw. soziale Unterschiede zwischen Heimat und Gastland
– Freiwilligkeit des Aufenthaltes bzw. Eigenbestimmung von Aufenthaltsdauer, Tätigkeit, Studienrichtung etc.
– klimatische und topologische Besonderheiten
– allgemeine kulturelle Unterschiede (z.B. hinsichtlich Lebensgewohnheiten und Lebensrhythmus, Ernährung, religiöser Bindung, sexuellen Rollenverhaltens etc.)

- finanzielle Abhängigkeiten
- reale oder antizipierte Sanktionen bei Erfolglosigkeit bzw. Erfolg
- Einbindung in soziale Gruppen

Lassen Sie mich zusammenfassend sagen und nochmals betonen. Migration führt nicht automatisch und unweigerlich zu Krankheit. Diese einzigartige Erfahrung kann auf individueller und auf gesellschaftlicher Ebene kurzfristig und langfristig zu unschätzbaren Entwicklungsvorteilen führen, und beides ist nachhaltig im Prozess der menschlichen Entwicklung dokumentiert. Im individuellen Krankheitsfall und während des Heilungsprozesses aber stellt sie einen manchmal entscheidenden Risikofaktor dar. An dieser Stelle sind unsere Kompetenz, unser Wissen um die Hintergründe nicht nur in Forschung und Lehre, sondern vor allem in der individuellen Begegnung oder Konfrontation in der Pflege entscheidend.

Literatur

Adler, D. L. (1958). Psychological problems of the voluntary migrant to Australia. In: A. Scherf (ed.). Uprooting and Resettlement. World Federation for Mental Health. Eleventh Annual Meeting. Vienna.
Busch, A. (1983). Migration und psychische Belastung. Kölner Ethnologische Studien. Band 8. Berlin: Verlag Reimer.
Jaspers, K. (1956). Heimweh und Verbrechen. Zit. nach: Ramming-Thön, F. Das Heimweh. Philos. Dissertation. Zürich. Printex.
Kentenich, H., Reeg, P., Wehkamp, K.-H. (1984). Zwischen zwei Kulturen. Was macht Ausländer krank? Berlin: Verlagsgesellschaft Gesundheit mbH.
Klages, L. (1930). Vom kosmogonischen Eros. Jena: Diederichs.
Koen, E., Kroeger, A., Streich, K., Weber, W. (1986). Der Umgang mit Krankheit in türkischen und deutschen Arbeitnehmerfamilien. Heidelberg: Universität Heidelberg.
Kraepelin, E. (1927). Über Entwurzelung. Ztschr. f. d. ges. Neurologie & Psychiatrie. 23.
Kretschmer, W. (Hrsg.) (1975). Medizinische Psychologie. Stuttgart: Thieme.
Marbe, K. (1925). Über das Heimweh. Archiv f. d. ges. Psychologie. 50.
Menninger, W.C. (1948). Psychiatry in a Troubled World. New York: Mac Millan.
Morten, A. (1988). Vom heimatlosen Seelenleben. Entwurzelung, Entfremdung und Identität. Bonn: Psychiatrie-Verlag.
Morten, A. (1986). Hören Sie Stimmen? – Ja, ich höre Sie sehr gut!. Beiträge zur Migrationspsychiatrie im Rahmen der Gütersloher Fortbildungswoche. Gütersloh: Verlag Jakob van Hoddis.
Müller-Hegemann, D. (1973). Human Uprooting. In: Zwingmann, Ch. A., Pfister-Ammende, M. Uprooting and after .... New York: Springer.
Ramming-Thön, F. (1956). Das Heimweh. Philos. Diss. Zürich.

Wessel, K.F., Naumann, F., Lehmann, M. (1993). Migration. Berliner Studien zur Wissenschaftsphilosophie und Humanontogenetik. Bd. 4. Bielefeld: Kleine Verlag.
WHO/MNH 83.8.
Zwingmann, Ch. (1961). Symbolische Rückkehr! Ein psychologisches Problem ausländischer Arbeitskräfte. Psychologie und Praxis. 5.
Zwingmann, Ch. (1978). Uprooting and related phenomena. Geneva. WHO.
Zwingmann, Ch., Gunn, A.D.G.(1983). Uprooting and Health. Geneva. WHO.
Zwingmann, Ch., Pfister-Ammende, M. (1973). Uprooting and after .... New York: Springer.

Martin W. Schnell/Anika Mitzkat

Die Ambivalenz der Selbstsorge zwischen Ethik und Macht

Wenn man die Pflegewissenschaft im weitesten Sinne als Sozialwissenschaft betrachtet und in diesem Licht das Thema *Selbstsorge* problematisiert, dann lassen sich in idealtypischer Weise zwei gegensätzliche Positionen ausmachen: *Ethik* und *Macht*. Ethisch wird häufig auch dann argumentiert, wenn dieses Wort und sein Umfeld nicht ausdrücklich genannt werden. Somit kann man sagen, dass in den Pflegetheorien die ethische Argumentation bereits in den 50er Jahren einsetzt. Diesem Ansinnen lässt sich auch die Theorie der *Selbstpflege* Dorothea Orems zurechnen (vgl. Evers 1998). Seit den 1970er Jahren nimmt die andere Argumentationsrichtung, die der *Macht*, an Bedeutung zu. Ethik und Macht – beide zu beachten ist wichtig. Fraglich ist, wie das geschehen kann, da das Verhältnis beider eine *Ambivalenz* kennzeichnet. Kann und soll man positiv mit einer Ambivalenz umgehen? Wir werden das Thema der Selbstsorge vor dem Hintergrund der Pflege als Aspekt des menschlichen Existenzvollzugs her angehen. Ethik und Macht werden in diesem Kontext diskutiert und anhand dieser Überlegungen Thesen zum Umgang mit ihrem ambivalenten Verhältnis als Ausblick formuliert.[1]

1. Selbstsorge im Kontext der Ethik

Der Mensch sorgt sich, weil er als Mensch endlich ist: Er wird notwendig älter und wird sterben. Pflege setzt diese Leiblichkeit, durch die der Mensch pflegebedürftig, krank oder behindert sein oder werden kann, voraus. Sie tritt im Kontext der Ethik als Art und Weise, wie Menschen einander Schutz und Achtung gewähren, zweifach in Erscheinung: a) indem der Mensch sich oder andere pflegt, b) indem er umsorgt und gepflegt wird. Die Leiblichkeit versteht sich im Ausgang an die Phänomenologie von der Erfahrung her: Der Leib ist das, durch das sich der Mensch in der Welt befindet und zwar zugleich als erfahrendes Subjekt

---

1 Die Ausführungen entstammen einem Teilaspekt eines Forschungsprojektes am Institut für Pflegewissenschaft der Universität Witten/Herdecke.

in als auch als Erfahrungsgegenstand. Ohne Leib wäre der Mensch nicht existenzfähig. Der Leib ist insofern transzendental, da er jedem Menschen einen Zugang zu sich selbst, den anderen Menschen und zur Welt ermöglicht. Durch die Grundsätzlichkeit seines Leibes ist der Rahmen der Selbstsorge gesetzt:
1. Der Mensch ist endlich, er muss sterben. Dieses Faktum hat jeder Mensch für sich und möglichst unter Anteilnahme Anderer auf sich zu nehmen.
2. Der Mensch hat die Möglichkeit, seine befristete Existenz zu gestalten. Die Gestaltung der Existenz geschieht als und durch die Selbstsorge (cura sui).

Sorge, die im Sinne Heideggers zunächst als Selbstsorge gemeint ist, versteht sich vor dem Hintergrund dieser beiden Existenzialien: *Endlichkeit* und *Potentialität*. Die Endlichkeit besagt: Jeder Mensch wird sterben. Die Potentialität der menschlichen Existenz besagt: Es ist nicht egal, wie! Leiblichkeit bedeutet nicht nur passiv der Endlichkeit ausgesetzt zu sein, sondern zudem die Möglichkeit zu haben, diese befristete Existenz zu gestalten. Das Sein zum Tode vollzieht sich im Angesicht der Möglichkeit und Herausforderung, am Ende das Leben, so Aristoteles, als Gutes geführt zu haben.

In diesem Sinne ist das Phänomen der Pflege ein Ausdruck der Sorge um sich und um andere. Die Leiblichkeit als Fundament der Selbstsorge weist diese als ein allgemeines Phänomen aus, bei dem es sich nicht um ein Spezialthema einer singulären Disziplin bzw. um einen ausschließlichen Diskurs unter Experten handelt: Der Leib ist immer und nicht nur in Ausnahmefällen relevant!

Pflege ist aus dem Geist und den Praktiken der *Selbstsorge* des *leiblichen Menschen* zu verstehen. Sie ist ein allgemeines Phänomen und als solches nicht auf einem bestimmten Wirkungszusammenhang, wie etwa der Gesundheitsversorgung beschränkt. Diese Perspektive der Pflege, die die Sorge in den Mittelpunkt rückt, soll nun unter Bezugnahme auf ältere Philosophen verdeutlicht werden. Die Philosophie der Selbstsorge hat in der römischen Antike und in der frühen Neuzeit Pflege und pflegerelevante Themen als Probleme von Moral und Ethik behandelt. An diese Versuche ist anzuknüpfen, um anzeigen zu können, dass wir uns hier wie gesagt nicht auf dem Terrain einer Spezialdisziplin bewegen, sondern die *Conditio Humana* selbst zum Thema haben.

Seneca behandelt in seinem Essay »Von der Kürze des Lebens« das Problem, dass viele Menschen ihre Lebenszeit nicht sinnvoll genutzt haben. Das »Sein-zum-Tode« begrenzt das Leben, ermöglicht ihm aber auch ein sinnvolles »Dasein als Sorge« um sich selbst (Heidegger 1979, 191). Die Endlichkeit, die Seneca als Kürze bezeichnet, »beansprucht das Dasein« in gewisser Weise »als einzelnes« (ebd., 263). Es handelt sich hier um einen Anspruch, dem der Mensch ausgesetzt ist, der ihm widerfährt und nicht um etwas, dass er aktiv anmeldet. Die Beanspruchung macht sich an jedem einzelnen Menschen als eine »Nicht-Indifferenz« (Levinas 1992, 361) bemerkbar, welche bedeutet: Ich bin mir selbst nicht gleichgültig!

Man kann diesen Gedanken auch noch anders begründen. Der Amerikaner Benjamin Franklin, der dem Soziologen Max Weber als Beispiel für einen Kapitalisten der Frühzeit galt (vgl. Weber 1981, 40ff), leitete aus der Tatsache des befristeten Dasein auf Erden die Maxime »Time is money!« ab. Der Mensch hat nie genug Zeit, besonders die Lebenszeit ist ein immer knappes Gut. Es kommt somit darauf an, innerhalb der Frist seine Zeit richtig zu nutzen (vgl. Weinrich 2004). Hier wirkt das *Politische* im Sinne einer kulturellen Gestaltungsordnung. Diese Ordnung fasst das Leben *als* etwas, nämlich als zu Gestaltendes. Die Weisen, die man auch als *Kulturformen* bezeichnen kann, sind unterschiedlich, jedoch nicht beliebig. Der Europäer ist kein Taoist, sondern Erfinder des Kapitalismus und daher in dieser Ordnung beheimatet.

Der Unterschied der Kulturen liegt darin, wie sie mit dem Faktum der Endlichkeit umgehen. Ist das Leben im ständigen Bewusstsein des Todes oder nur als Vergessen der Endlichkeit möglich? Als ein Verdrängen des Endes, wie es über die westliche Kultur häufig heisst? Sigmund Freud und Martin Heidegger bejahen diese Fragen: der Mensch muss so leben als ob er unsterblich wäre, sonst hätte sein Leben gar keinen Wert! Das Vergessen der Endlichkeit hat einen positiven Sinn. Es ist und bleibt aber fraglich, wie öffentliches Reden über den Status des Todes, von Schmerz und Leid möglich ist. Definitives Verschweigen sollte hier nicht die letzte Wort haben.

Nicht-Indifferenz, Nichtgleichgültigkeit – was soll daraus eigentlich folgen? Eine positive Ausgestaltung der Lebenszeitspanne ist die *cura sui* (die Sorge um sich), die in einer *Lebenskunst* zur Geltung kommt (vgl. Foucault 1986b, 62ff; Foucault 2001, 473ff). Hier überkreuzen sich die beiden erwähnten Existenzialien: die Sorge um sich ist eine in der Hand des Menschen liegende Potentialität, mit der der Mensch auf seine eigene Endlichkeit antwortet. Indem er das tut zeigt er, dass er sich selbst nicht gleichgültig ist oder gar gegenüber steht! Die Selbstsorge äußert sich in der alltäglichen Lebensführung, deren Ausdruck die Aktivitäten des täglichen Lebens sind.

Seneca zählt in seinem Essay »Die wahre Gesundheit und ihre Pflege« zu den umsorgten Dingen jener Aktivitäten:
a. Körpergewicht,
b. Nahrung und Getränke,
c. sportliche Übungen,

d. Lesen, Sprechen, Zuhören,
e. Arbeit und Entspannung.

Michel de Montaigne legt in Anknüpfung an Seneca in seinem Text »Über das Maßhalten« eine Diätetik der Gesundheitspflege vor. Demnach soll die Selbstsorge im rechten Maß vollzogen werden. »Gesundheit«, so der Autor an anderer Stelle, »heißt für mich meinen gewohnten Zustand ungestört beibehalten.« (Montaigne 1998 III, S, 464). Das Maß, das für einen Menschen gilt, entwickelt sich aus dessen gewöhnlichem Leben. Die sog. subjektive Sicht auf Gesundheit und Krankheit steht hier ganz im Vordergrund. An der Selbstsorge ist das Selbst aktiv beteiligt. Es wird dabei zugleich von der Art der Selbstsorge geformt.

Maßhalten, wie Montaigne sagt, müsste heute durch *Maßsuche* ergänzt werden, in deren Licht die Lebensführung ihre Ausrichtung findet. Ernährung, Schlaf, Sexualität, Übungen und später, in der modernen und professionellen Pflege, die sog. »ATLs« sind nur sinnvoll als Handlungen und Erlebnisse, wenn sie im Kontext einer Lebensführung auftreten, deren Maße und Ziele nicht schlechthin von der Natur vorgegeben sind, sondern immer auch geschaffen und entwickelt werden müssen (vgl. Hadot 1991, Schmid 1993).

Bis zu Jean-Jacques Rousseau und den französischen Moralisten des 18. Jahrhunderts ist es üblich, dass die alltägliche Lebensführung und Selbstsorge Themen der praktischen Philosophie sind und entsprechend behandelt werden.

Die antike Diätetik und die neuzeitliche Selbstsorge sind Praxiskonzepte, in die ein Verständnis von Pflege, Normalität und Gesundheit integriert ist und zwar im engsten Sinne. Ethik, Lebensführung, Gesundheit, Pflege und Sorge sind Begriffe derselben Kategorie. Sie verweisen aufeinander und bedeuten in bestimmten Hinsichten sogar manchmal dasselbe, nämlich jeweils aspekthaft eine Problematisierung des Umgangs mit sich selbst.

Ich möchte zusammenfassen:
– Der Mensch ist ein leiblich existierendes Lebewesen und als solches endlich.
– Die Endlichkeit bedingt, dass der Mensch sterben muss, dass er pflege-, therapiebedürftig, krank und behindert werden kann.
– Die Endlichkeit nimmt den Menschen mit der Möglichkeit und Herausforderung zur Gestaltung seines Lebens in Anspruch.
– Die Selbstsorge ist eine Antwort auf diese Herausforderung der Beanspruchung.
– Die Selbstsorge ist Motor einer Lebenskunst, die sich in verschiedenen Existenzentwürfen manifestiert.

- Die Pflege ist aus dem Geist der Selbstsorge zu verstehen: Der grundlegende Zusammenhang zwischen Leiblichkeit und Selbstsorge ist kein Spezialthema einer bestimmten Disziplin.
- Es ist zunächst festzuhalten, dass die aufgezeigte Denkweise vom Allgemeinen her verhindert, die Themen der Pflege, wie etwa Krankheit, Behinderung und Pflegebedürftigkeit von vornherein zu eng und zu schematisch aus der Sicht der Expertise zu denken. Menschliche Existenzvollzüge (wie z.B. Ernährung und Bewegung) sind zunächst allgemeine Phänomene, die im Modus der Sorge um sich und andere ethisch relevant sind.

2. Die Selbstsorge im Kontext der Macht

Die Selbstsorge erschien quasi als natürlich, normal, unvermeidlich. Jeder bezieht sich irgendwie auf sich und Andere im Sinne einer Nichtgleichgültigkeit. Selbst in der Literatur Samuel Becketts, die für die Schilderung sehr reduzierter Lebenssituationen von Menschen bekannt ist, lässt sich ein Konzept der Selbstpflege ausmachen (vgl. Mitzkat 2006). Dennoch wäre es naiv, dieses Existenzial ungeprüft hinzunehmen!

Kritische These: Selbstsorge ist exklusiv, weil sie aus einer Gouvernementalität resultiert, die Selbstsorge einseitig als Sorge des neoliberalen Subjekts um sich selbst etabliert.

Selbstsorge war in den späten 1960er Jahren Antrieb zur Autonomie gegen eine Bevormundung im Gesundheitswesen. Heute ist Selbstsorge eine Ideologie, weil sie Eigenverantwortung als gesellschaftlich bedingtes Schicksal festigen muss. Der Bürger ist mit und für sich allein, weil Andere und Dritte ausfallen. Der Staat zieht sich aus Verantwortung und Solidarität zurück. Zurück bleibt das einsame Subjekt, dem die Einsamkeit als Autonomie verkauft wird.

> »Es wird deutlich, dass der Begriff der Selbstsorge zwischen einer engen und einer flexiblen Sicht auf die notwendige Versorgung und deren Kosten schwankt. Der Begriff der Selbstsorge ist geeignet, Zustände der Über- und Unterversorgung zu legitimieren. Mit ihm lassen sich Bevormundung und ein »Sich-selbst-überlassen-Sein« ebenso wie Zustände der bestmöglichen Versorgung begründen.« (Kollak 2005, 86)

Obwohl der Begriff des Selbst sich einer bestimmten Ökonomie verdankt, ist das Eigentum der Autonomie nicht viel wert, weil es derart variabel eingesetzt werden kann und wird. Im Hinblick auf gesellschaftliche Macht wird diese Variabilität gar von einer bestimmte Tendenz dominiert. Der Philosoph Michel Foucault hat vor über 30 Jahren eine Theorie der Biomacht und Biopolitik entwickelt (vgl. Foucault 1999, 276ff). Demnach gilt es, einen Zusammenhang von Macht, Biologie, Regulation und Steigerung des Lebens und Sterbens der Bevölkerung zu denken (vgl. Schnell 2000a).

Das auf Foucault zurück- und aus diesem Zusammenhang hervorgehende Konzept der *Gouvernementalität* setzt sich aus zwei semantischen Elementen zusammen: Regieren (*gouverner*) und Denkweise (*mentalité*) meint eine *Regierlichkeit*. Dieser Neologismus bezeichnet eine Konstitutionsmacht, die von Institutionen, Berechnungen und Verfahren praktiziert wird und deren Ergebnis ein nach einer bestimmten Ökonomie geformtes Selbst ist (zum Begriff der ›Macht‹ vgl. Schnell 2005b). Eine solche Macht üben etwa Programme zur Motivationssteigerung und Qualitätsanreize im Gesundheitswesen sowie die ›Aufwertung‹ des Patienten zum Kunden aus. Hier handelt es sich um Technologien, durch die ich Macht auf mich ausübe und mich ›autonom‹ zum Beherrschten forme. »Die autoritäre und repressive Führung wird hier ersetzt durch eine Strategie des Empowerment und der Motivationssteigerung.« (Friesacher 2004, 370f).

Die Sorge des Daseins bezieht sich auf Bedürfnisse, die gar nicht jene des Selbst sind, sondern die, die das Gesundheitswesen als Bedürfnisse, die das Selbst zu haben hat, definiert.

»Pflegebedürftigkeit entsteht nicht allein und ausschließlich aufgrund eingeschränkter körperlicher und/oder geistiger Funktionen, sondern ist abhängig vom jeweiligen Versorgungsrahmen. Ein Pflegebedürftiger *ist* man also nicht ausschließlich aufgrund eigener ›objektiver‹ Merkmale, man *wird* auch zum ›gepflegten Menschen‹ gemacht, und zwar durch die politisch verantwortete institutionelle Versorgungsstruktur. Der gepflegte und bedürftige Mensch ist als Produkt einer Sozialordnung anzusehen, welche nicht zu trennen ist vom gesamtgesellschaftlichen Rationalisierungsprozess.« (ebd., 372)

Das Selbst steht im Fadenkreuz von Macht und Geld! Damit der Gedanke der ethischen Selbstsorge nicht naiv bleibt, müssen wir auf diesen machttechnologischen Gesichtspunkt eingehen.

Selbstsorge ist Gestaltung der Endlichkeit. Der darin enthaltene Begriff des Selbst ist in der Tat nicht selbständig, sondern auf andere bezogen (Freunde, Familie) und damit auch einer gesellschaftlichen Normalität unterworfen. Wir sind Europäer und leben auch im Zeichen einer bestimmten »hygienischen Sorge um sich« (Sarasin 2001, 465), die herzustellen und aufrechtzuerhalten ist und daher auf ein Moment des Politischen verweist.

An Bedürfnissen, die Anlass für Selbstsorge und damit für Pflege im weitesten Sinne sein können, ist jedoch nicht allein entscheidend, ob sie objektiv-natürlich oder eher künstlich sind, sondern ob sie ethisch anerkennens- und damit von Anderen beachtenswert sind (vgl. Schnell 2004b, 228ff). Der Begriff der Selbstsorge, den das Konzept der Gouvernementalität im Bereich der Pflegewissenschaft verwendet, ist indes zu eng.

Die Regierbarkeit, der das Selbst durch Selbsttechnologien unterliegt, ist nach dem Modus des *homo oeconomicus* gebildet, der stets »seinem Interesse gehorcht« (Liebsch 2005, 302). Damit geht »das eigene Selbst in jeder Hinsicht vor« (ebd., 296). Eine Orientierung am Anderen und an den Anderen wird hier offenbar vergessen. Warum sollte ein an und durch Technologien konstituiertes Selbst nicht auch desinteressiert von sich selbst absehen können? Selbstsorge ist nicht automatisch Ausschluss der Sorge um Andere!

Selbst- und Fürsorge, die in der wahren Freundschaft und der Familie geschehen, schließen Sorge, die über gesellschaftlich verordnete und normierte Zuwendung hinausgehen, *nicht* aus, da in dieser Freundschaft die Freunde den Freunden das Gute wünschen »um der Freunde willen« (Aristoteles 1986, 235). Das, was der Freund wünscht und tut, ist keine Alternative zur Ökonomie der Gesellschaft, aber etwas, dass über diese hinausgeht und indirekt als Überschuss zu fassen ist. »Um des Freundes willen« – ist das, was sich nicht reduzieren lässt auf das, was um der Gesellschaft willen geschieht!

3. Zusammenfassung: Konsequenzen der Ambivalenz der Selbstsorge

Die Ambivalenz von Ethik und Macht, in die die Selbstsorge gestellt ist, wirft natürlich die Frage auf, was das Selbst und dessen Sorge eigentlich ist. Die Ambivalenz als Ambivalenz kommt in vier zusammenfassenden Gesichtspunkten zur Geltung.

Die Selbstsorge ist kein bloßes Epiphänomen von Macht. Zwar wird die Selbstsorge durch eine kulturelle Ordnung strukturiert, man denke etwa an die Hygiene und ihre Imperative, aber an der Selbstsorge ist zumindest die Endlichkeit, also das, worauf die Cura sui antwortet, keine kulturelle Konstruktion. Wäre sie es, könnte man sie und mit ihr Krankheiten und Pflegebedürftigkeiten abschaffen. Dieser alte Traum der Menschheit lebt seit einiger Zeit in ideologischen Teilen der Bio- und Neurowissenschaften wieder auf, die Abschaffung der Sterblichkeit kann derzeit aber als politisch zu bearbeitende Illusion bezeichnet und an dieser Stelle beiseite gelassen werden (vgl. Schnell 2002b).

Die Selbstsorge ist keine rein authentische Sorge des Selbst um sich. Zwar mag sich das Selbst nicht indifferent gegenüber stehen, aber es kann als Instanz der Sorge nicht exakt von Anderen und der Gesellschaft unterschieden werden, da diese in das Selbst der Sorge hineinsprechen.

Selbstsorge ist als durch die Fürsorge um Andere erweitert zu denken, da das Selbst nur in Beziehungen zu Anderen als Selbst im Unterschied zu Anderen auftreten kann. In der fürsorglichen Beziehung zum Anderen gebe ich dem Anderen das Versprechen, ihm, dem Anderen treu und für ihn verfügbar zu bleiben. Ich äussere die Absicht, meine Absicht nicht zu ändern. Der Andere zählt auf mich und affiziert mich mit seiner Erwartung. Das Selbst, dass auf diese ethische Weise und durch den Umweg über den Anderen sich schließlich selbst treu bleibt, hat Identität (vgl. Schnell 2001a, 157f). Identität ist eine Art des sich Gleichbleibens durch alle Veränderlichkeiten hindurch.

Die Ambivalenz der Selbstsorge verunmöglicht einen kurzen Weg der Sorge, auf dem sich das Selbst einfach auf sich bezöge und damit zufrieden wäre. Sie beschert dem Selbst vielmehr einen langen Weg der Sorge, nämlich durch die Beziehungen zu Anderen und zu Dritten hindurch. Dieser lange Weg hat keine Abkürzung!

Literatur

Abt-Zegelin, A., Schnell, M.W. (Hg.) (2005). Sprache und Pflege. Bern: Verlag Hans Huber.
Abt-Zegelin, A., Schnell, M.W. (Hg.) (2006). Die Sprachen der Pflege. Interdisziplinäre Beiträge aus Pflegewissenschaft. Medizin, Linguistik und Philosophie. Hannover: Verlag Hans Huber.
Aristoteles (1986). Die Nikomachische Ethik. München: Artemis.
Evers, G. (1998). Die Selbstpflegedefizit-Theorie von Dorothea Orem. In: Osterbrink, J. (Hg.) Erster internationaler Pflegetheorienkongreß. Nürnberg, Bern: Verlag Hans Huber, S. 104–133.
Foucault, M. (1986a). Der Gebrauch der Lüste. Frankfurt/M.: Suhrkamp.
Foucault, M. (1986b). Die Sorge um sich, Frankfurt/M.: Suhrkamp.
Foucault, M. (1999). In Verteidigung der Gesellschaft. Frankfurt/M.: Suhrkamp.
Foucault, M. (2001). L'Herméneutique du sujet. Paris: Gallimard-Sevil, Collection »Hautes Etudes«.
Friesacher, H. (2004). Foucaults Konzept der Gouvernementalität als Analyseinstrument für die Pflegewissenschaft. Pflege (17/2004). Bern.
Hadot, P. (1991). Überlegungen zum Begriff der »Selbstkultur«. In: Ewald, F., Waldenfels, B. (Hg.). Spiele der Wahrheit. Michel Foucaults Denken. Frankfurt/M.: Suhrkamp.
Heidegger, M. (1986). Sein und Zeit (16. Aufl.). Tübingen: Max Niemeyer.

Kollak, I. (2005). Zum Begriff der Selbstsorge zwischen Auflösung bestehender Unterstützungssysteme und Entwicklung emanzipatorischer Gesundheitsförderung. In: Abt-Zegelin, Schnell (Hg.) (2005).

Levinas, E. (1992). Jenseits des Seins oder anders als Sein geschieht. Freiburg, München: Verlag Alber.

Liebsch, B. (2005). Lebensformen des Selbst unter dem Druck der Biopolitik. Kritische Überlegungen zu späten Denkwegen Michel Foucaults. Philosophischer Literaturanzeiger. 58. 3/2005.

Mitzkat, A. (2006). Die Konstitution der Wirklichkeit von Bettlägerigkeit am Leitfaden von Samuel Becketts Roman »Malone stirbt«. In: Abt-Zegelin, Schnell (Hg.) 9 (2006). S. 145–159.

Montaigne, M. de (1998). Essais. 3 Bde. Frankfurt/M.: Suhrkamp.

Sarasin, Ph. (2001). Reizbare Maschinen. Eine Geschichte des Körpers 1765–1914. Frankfurt/M.: Suhrkamp.

Schmid, W. (1993). Wohin läufst du in die Irre? – Der Essay als Lebensgestaltung. In: Mut. Wiederentdeckung einer persönlichen Kategorie. Hrsg. v. R. Stäblein. Baden Baden: Elsterverlag.

Schnell, M.W. (2000). In Verteidigung der Gesellschaft. Michel Foucaults Vorlesungen am Collège de France (1975–76). Journal Phänomenologie. 14/2000. Wien.

Schnell, M.W. (2001). Zugänge zur Gerechtigkeit. Diesseits von Liberalismus und Kommunitarismus. München: Wilhelm Fink Verlag.

Schnell, M.W. (2002). Ideologie und Anthropologie. Zur Wiederkehr des leiblosen Geistes. In: Greving, H., Gröschke, D. (Hg.). Das Sisyphos-Prinzip. Gesellschaftsanalytische und gesellschaftskritische Dimensionen der Heilpädagogik. Bad Heilbrunn: Klinkhardt. S. 161–174.

Schnell, M.W. (Hg.) (2004a). Leib.Körper.Maschine. Interdisziplinäre Studien über den bedürftigen Menschen II. Düsseldorf: Verlag Selbstbestimmtes Leben.

Schnell, M.W. (2004b). Der Leib und die ethische Bedürftigkeit des Menschen. In: Schnell (Hg.) (2004a).

Schnell, M.W. (2005): Art. *Macht*. In: Vetter, H. (Hg.). Wörterbuch der phänomenologischen Begriffe. Hamburg.

Seneca (1993). Philosophische Schriften. 4 Bde. Hamburg: Felix Meiner Verlag.

Weber, M. (1981) Die Protestantische Ethik. Gütersloh: Gütersloher Verlagshaus Mohn.

Weinrich, H. (2004). Knappe Zeit. Kunst und Ökonomie des befristeten Dasein. München: C. H. Beck.

Olaf Scupin

Die Ausdifferenzierung der Pflegeberufe als Voraussetzung für eine Professionalisierung der gesellschaftlichen Leistung Pflege

1. Einleitung

Der Titel des Beitrages postuliert zunächst einmal, dass eine Ausdifferenzierung der Pflegeberufe notwendig ist, damit eine Professionalisierung der beruflichen Pflege möglich wird. Es muss gefragt werden, ob dem wirklich so ist? Oder ist es nicht vielmehr so, dass Professionalisierung zu einer Ausdifferenzierung, hier der Pflegeberufe, führt?

Nach einer Einleitung zur Ausdifferenzierung und Professionalisierung wird eine Praxisreflexion vorgenommen und zum Schluss ein Ausblick bzw. Hinweise an die beteiligten Institutionen, Verbände und die Politik formuliert, wie reagiert werden könnte.

Mit der Ausdifferenzierung als Untersuchungsgegenstand beschäftigt sich überwiegend die Berufssoziologie. Mit der Berufszählung 1925 wurde noch zwischen dem Gewerbe, also dem Zweig oder Betrieb und dem Beruf, als ausgeübte Tätigkeit, unterschieden. Zunehmend erweiterten sich die Dimensionen der Berufsstruktur in eine arbeitsrechtliche Gliederung nach der Stellung im Beruf (z.B. Arbeiter, Beamte), der sektoralen oder wirtschaftlichen Gliederung (z.B. Landwirt, Baugewerbe), der bekannten Gliederung nach der ausgeübten Tätigkeit (z.B. Schlosser, Krankenschwester) und neuerdings die Ebene der Qualifikation. Hesse erläutert hierzu, dass mit der

> »(...) Einengung des Berufs auf die ausgeübte Tätigkeit (...) ein Abrücken von der vormaligen Berufsidee im Sinne von »Berufung« und eine stärkere Identifizierung von Beruf als bloßes Erwerbsmittel (...)« (Hesse 1972)

einherging. Also von der Idee »Beruf als Chance zu allgemeiner Menschenbildung; als Kulturleistung und Dienst an der Gemeinschaft; Berufung zu auf Eignung und Neigung basierender Aufgabe und zur Entfaltung der Arbeit«, hin z.B. zu einer Definition, welche

»(...) Berufe als die auf Erwerb gerichteten, charakteristischen Kenntnisse und Fertigkeiten sowie Erfahrungen erfordernden und in einer typischen Kombination zusammenfließenden Arbeitsverrichtungen, durch die der Einzelne an der Leistung der Gesamtheit im Rahmen der Volkswirtschaft mitwirkt.« (ebd.)

Die Klassifikation der Berufe findet in immer kürzeren Abständen statt und ist somit Symptom oder Gradmesser in welche Richtung die Betrachtungsweisen einer Gesellschaft zu den Berufen führen. Die Veränderungen in der Berufsklassifikation werden durch den gesellschaftlichen Wertewandel begründet. Es begann mit der Zerlegung der Arbeit in den industriellen Fertigungsverfahren, der Arbeitsteilung. Es kam dann zur Verberuflichung von tätigkeitsorientierten Arbeiten hin zu komplexen eigenständigen Aufgabengebieten, der Professionalisierung und aktuell die veränderte Nachfrage nach Dienstleistungen, wie der Pflege (Stooß 1977). Berufe im Dienstleistungssektor nehmen allgemein zu. Gerade die Berufe des Gesundheitswesens (Krankenschwestern, Sprechstundenhelferinnen, Krankengymnastinnen u.a.) haben an Bedeutung gewonnen. Zugenommen haben auch Berufe mit geringeren Qualifikationsanforderungen (Kellner, Pförtner, Kassierer u.a.), wobei diese Zunahme allerdings nicht ausreicht, das Potenzial an gering Qualifizierten zu absorbieren. Das wird durch eine sich verfestigende hohe qualifikationsspezifische Arbeitslosigkeit dieser Gruppe verdeutlicht (Statistisches Bundesamt 2006). Die Frage der Ausdifferenzierung ist eben auch eine nach sozialethischen und berufspädagogischen Aspekten.

Im Gesundheitswesen lässt sich nun aktuell eine ökonomisch getriggerte Verschiebung der Pflegeberufe beobachten. Zum einen werden traditionell durch Pflegefachkräfte ausgeführte Tätigkeiten dahingehend korrigiert, dass auch Pflegehilfskräfte nun diese vormals angeblich »höheren« Tätigkeiten vollziehen sollen. So wird vom Forum Sozialstation (2006) mitgeteilt, das Pflegehilfskräfte in Nordrhein-Westfalen und Hessen ab dem Jahre 2007 unter bestimmten Voraussetzungen auch behandlungspflegerisch tätig werden können. Der Malteser Hilfsdienst weist ebenfalls darauf hin und bietet passend dazu einen »Aufbaulehrgang Behandlungspflege Stufe 1« an.

Auf der anderen Seite entstehen berufliche Felder, die es in dieser Form bisher im bundesdeutschen Gesundheitswesen nicht gegeben hat. So werden Case Manager oder seit ca. 10 Jahren Pflegemanagerinnen und Pflegemanager gesucht und zwar ohne andere Berufe abzulösen. Diese Berufe sind in den meisten Ländern der Welt mit einem akademischen Abschluss verbunden.

Als einen weiteren Hinweis für die voranschreitende Ausdifferenzierung der Pflegeberufe soll die Anhörung des Sachverständigenrates der

Konzertierten Aktion im Gesundheitswesen angeführt werden. Der Sachverständigenrat traf sich im August dieses Jahres und befasste sich u.a. mit der Frage nach der Übernahme ärztlicher Tätigkeiten auch durch Pflegende. Im Koalitionsvertrag zwischen CDU/CSU und SPD (2005) wird hierzu formuliert:

>»Nicht nur in den ländlichen Gebieten der neuen Länder ist absehbar, dass es in Folge des Ärztemangels zu Versorgungsengpässen in der ambulanten Versorgung kommen kann. Daher müssen schnellstmöglich Hindernisse beseitigt werden, die einer flächendeckenden Versorgung entgegenstehen. (…) Es wird geprüft, inwieweit nichtärztliche Heilberufe stärker in Versorgungskonzepte einbezogen werden können.«

In der Stellungnahme der Ärzteschaft und dem Verband der medizinischen Fachberufe erteilten diese den Forderungen der Pflegevertreter, Pflegenden einen Teil der ärztlichen Tätigkeitsfelder zu überlassen, eine klare Absage. Pflegedienste müssten an die ärztliche Verordnung gebunden bleiben.

>»Neuzuschnitte im ambulanten Bereich beispielsweise durch Pflegepraxen führen nur zu weiteren Schnittstellenproblemen. (…) Strukturelle Unterversorgungen können wir auch aus den Praxen heraus beseitigen. Wir wollen dazu verstärkt Medizinische Fachangestellte beim Case Management und in der Patientenberatung einsetzen. Sie könnten Patientenbesuche machen und den Arzt bei der Versorgung Pflegebedürftiger entlasten.«

Die Position eines Verbandsvertreters der Pflegeberufe sieht dies anders und vertritt den Standpunkt, dass die Pflege durchaus gleichberechtigt neben der Medizin stehen sollte.

>»Pflegende könnten beispielsweise Beratungsleistungen von den Ärzten übernehmen, aber auch Diabetikerbetreuung und Wundversorgung.«
(Forum Sozialstation 2006)

Wie erläutert gehen komplexer werdende Berufsbilder mit einer Ausdifferenzierung dieser einher und führen manchmal zu einer Professionalisierung. Im engeren Sinne bezeichnet Professionalisierung die Entwicklung von Tätigkeiten zu Professionen. Merkmale einer Profession sind u.a:
– eine in der Regel akademische Ausbildung,
– ein hoher Grad an beruflicher Organisation,
– ein beträchtliches gesellschaftliches Ansehen,

- persönliche und sachliche Gestaltungs- und Entscheidungsfreiheit in der Tätigkeit, sowie
- eine besondere Berufsethik.

Zu den Professionen gehören Berufe wie Arzt, Rechtsanwalt, Notar, Geistlicher und auch Richter.

»In einem solchen Prozess der Professionalisierung befinden sich auch die sozialen Berufe in Europa und den meisten außereuropäischen Ländern. Dieser Prozess ist abhängig von dem beruflichen Selbstverständnis der Berufsangehörigen und der sozialpolitischen Entwicklung einer Gesellschaft. So ist der Trend zur Professionalisierung in den sozialen Berufen zeitweilig auch rückläufig, etwa durch aufkommende Kritik an der Spezialisierung.« (Universität Hamburg 2006)

2. Praxisreflexion

Zur Zeit existiert aus Sicht der Pflegenden selbst keine Praxisnotwendigkeit für eine weitere Ausdifferenzierung der Pflegeberufe. Einzelne spezialisierte, bisher auf Weiterbildungsebene zusatzqualifizierte Pflegende, engagieren sich dafür diese Tätigkeiten in eine Berufsfunktion im Sinne eines Ausbildungsberufes zu transferieren. Das liegt zum einen daran, dass der Beruf der Pflegenden aus Sicht vieler Berufspraktiker fremd gesteuert ist. Und viele Spezialisierungen pflegerischer Tätigkeiten folgen quasi im ›Kielwasser‹ der medizinischen Versorgung. Dem Nephrologen wird eine Dialysefachkraft zugeordnet, dem Chirurgen seine OP-Schwester, dem Intensivmediziner seine Fachkrankenschwester für Intensivpflege und -medizin und dem Onkologen die Fachkrankenschwester für Onkologie. Der Arzt ordnet an, die Schwester führt aus.

Zum zweiten ist der Gegenstandsbereich der Pflege nicht praxisrelevant definiert. Auch wenn die Umsetzung eines Prozesscharakters im Krankenpflegegesetz festgeschrieben ist, ist dies der Aspekt der Pflege, der in der Praxiswelt am wenigsten zur Anwendung kommt.

»Die Pflege (…) ist dabei unter Einbeziehung präventiver, rehabilitativer und palliativer Maßnahmen auf die Wiedererlangung, Verbesserung, Erhaltung und Förderung der physischen Gesundheit der zu pflegenden Menschen auszurichten. Dabei sind die unterschiedlichen Pflege- und Lebenssituationen sowie Lebensphasen und die Selbständigkeit und Selbstbestimmung des Menschen zu berücksichtigen (…).«

Im Paragraphen 3, Absatz 2 des Krankenpflegegesetzes dann weiter: »(...) Die Ausbildung für die Pflege (...) soll insbesondere dazu befähigen«, die Pflege zu evaluieren, die Qualität der Pflege zu sichern und zu entwickeln. Hierzu gehört auch die »Beratung, Anleitung und Unterstützung von zu pflegenden Menschen und ihrer Bezugspersonen in der individuellen Auseinandersetzung mit Gesundheit und Krankheit, (...)« (Krankenpflegegesetz 2003).

Erst in den nachfolgenden Absätzen werden die traditionellen und von der Bevölkerung wohl als die selbstverständlichen Tätigkeiten benannt. Dies sind die »Einleitung lebenserhaltender Sofortmaßnahmen bis zum Eintreffen der Ärztin oder des Arztes,« oder die »(...) eigenständige Durchführung ärztlich veranlasster Maßnahmen, Maßnahmen der medizinischen Diagnostik, Therapie oder Rehabilitation«, (ebd.) aber auch interdisziplinär mit anderen Berufsgruppen zusammenzuarbeiten und dabei multidisziplinär und berufsübergreifend Lösungen von Gesundheitsproblemen zu entwickeln. Interdisziplinarität setzt aber Professionalität voraus.

Versicherungs-, sozialrechtlich und gesundheitspolitisch wird nicht mehr lange aufrecht zu erhalten sein, dass für die autonome Durchführung der o.g. Tätigkeitsbereiche durch andere Berufsgruppen diese erst von einem Arzt attestieren werden müssen. Genau dies nämlich führt zu den zusätzlichen Schnittstellen.

Beispiel: Eine Gemeindeschwester stellt fest, dass ein bettlägeriger Patient eine Lagerungshilfe benötigt. Hier ein Mobilisationsbrett für den Transfer vom Bett in den Rollstuhl. Die Pflegende informiert die Pflegedienstleitung. Diese ruft in der Arztpraxis an. Nach Auskunft der Arzthelferin kann der Arzt gerade nicht an das Telefon; Auskunft: Er ruft zurück; Nach 4 Stunden ist dies nicht geschehen; die Pflegedienstleitung ruft zurück; der Arzt möchte das Thema persönlich besprechen; die Pflegedienstleitung fährt zur Arztpraxis und wartet 15 Minuten auf das Gespräch; das Rezept wird ausgestellt; das pflegerische Hilfsmittel wird vom Sanitätshaus abgeholt. So entstehen zusätzlich Schnittstellen.

Es sollen nun weitere Indizien aufgezeigt werden, die eine weitere Ausdifferenzierung der Pflegeberufe belegen und einen Wertewandel kennzeichnen.

An erster Stelle sind die ökonomischen Rahmenbedingungen zu nennen. Durch die Einführung der fallpauschalierten Krankenhausfinanzierung (G-DRG) kommt es zu Verschiebungen in den Versorgungsformen. In Australien sind nach der dortigen Einführung der DRG's ca. 40 Prozent zusätzliche Pflege- und Altenheimplätze entstanden. In der Bundesrepublik sind es z. Zt. etwa 14 Prozent mehr Pflegekräfte, die in diesen Institutionen eingesetzt werden.

Und wenn Moers (2006) auf dem diesjährigen Gütersloher Pflegesymposium einen Vortrag zum Thema: »Ausdifferenzierung der Berufsprofile in der Pflege – Chance zur Professionalisierung oder Rationalisierungsfalle« referiert, scheint es eine zweite Medaille des Themas zu geben. Es stellt sich die Frage nach einem destruktiven Abbau von Pflegepersonal ohne Reflexion der gesellschaftlichen Bedürfnisse von Pflege. In den Kliniken kommt es vorrangig zu Stellenabbau bei den Pflegeberufen.

Für die Ermittlung des Pflegepersonalbedarfes z.b. in den Kliniken wurden bisher tätigkeitsorientierte Arbeiten ermittelt (z.b. Blum, 2003). Dies führt zu einer quantitativen Betrachtung des Pflegepersonals. Bis 1996 führte diese Berechnung dazu, dass ca. 25.000 (7,5 Prozent) zusätzliche Stellen im Pflegedienst gegenüber 1991 geschaffen wurden (1991: 324.072, 1995: 350.571). Da angeblich nicht weiter finanzierbar, wurde diese Regelung mit Wirkung zum 01.01.1996 politisch außer Kraft gesetzt. Inzwischen ist der Anteil der Pflegenden in deutschen Kliniken absolut um ca. 51.000 Stellen gesunken, von 350.571 Pflegestellen 1996 auf unter 300.000[1] im Jahre 2005. Im gleichen Zeitraum sind die Arbeitsplätze im Ärztlichen Dienst um 23 Prozent (!) gestiegen, von 95.208 im Jahre 1991 auf 117.681 Arztstellen im Jahre 2004 (Statistisches Bundesamt 2006). Begründet wird dieser Anstieg mit einer Verweildauerreduzierung der Patienten, einer Verdichtung der Arbeit und einem Anstieg des administrativen Aufwandes. Diese Faktoren betreffen aber auch die Pflegenden. Hier entsteht ein durchaus explosiver Mix für zukünftige Arbeitskampfmaßnahmen im Pflegebereich.

3. Ausblick

In sozialer, ökonomischer und qualitativer Hinsicht werden die Kriterien der Personaleinsatzplanung umgesetzt werden müssen. Neben der rein quantitativen Betrachtung der Personalmenge und der Frage danach wo und wann Pflegepersonal eingesetzt werden soll, muss die Qualifikation der Mitarbeiter in der Pflege definiert werden. Hierzu bietet sich die Definition und Analyse in Primär-, Sekundär- und Tertiärtätigkeiten an.

Tertiärtätigkeiten sind Tätigkeitsbereiche, die mit geringer Qualifikation ausgeführt werden können. Dies können organisatorische, administrative und unter Aufsicht (auch nach Anleitung) selbständig durchzuführende Pflegehilfstätigkeiten sein. Diese Tätigkeiten sind durchaus geeignet das Potential der gering Qualifizierten auf dem Arbeitslosen-

---

1 geschätzt

markt zu absorbieren. Die Umsetzung ist und bleibt eine Führungsaufgabe. Hierzu bedarf es dezentraler Organisationsformen und einer individualisierten Führung der Mitarbeiter um den Menschen auch nach seinen lebenszyklischen Phasen einzusetzen. Denn in der Arbeitswelt kommt es zu Differenzierung der Motive und der Einstellungen zur Arbeit und zum Beruf. Menschen möchten Spaß bei der Arbeit haben, sie möchten Anerkennung und Bestätigung erhalten, sie möchten Teamarbeit und relative Selbständigkeit bei der Organisation und Freiräume zur Selbstbestimmung haben.

Unter Sekundärtätigkeiten werden Funktionen und Aufgaben verstanden, für die Qualifikationen benötigt werden, die auf der Grundlage von Handlungstheorien beruhen. Im Sekundärtätigkeitsbereich sind Mitarbeiter notwendig, die auf der Grundlage einer Ausbildung und vertieften Wissens im Rahmen von Fort- und Weiterbildungen, die auf theoretischen Konzepten basierenden Maßnahmen gegenüber den Patienten anwenden und umsetzen. Die Verantwortung liegt im Durchführungsbereich.

Primärtätigkeiten sind Tätigkeiten, die auf der Grundlage von berufsspezifischen Fachtheorien ausgeführt werden. Inhaltlich würde dies bedeuten, dass für die Umsetzung der Fachtheorien als Prozessplanungsinstrument ein fachgebundenes Hochschulstudium notwendig wäre. Es geht um die anwendungsbezogene Umsetzung von pflegetheoretischem Wissen einschließlich fachgebundener Forschung. Der Personalmix könnte dann z.B. bei 30/40/30 (30 Prozent Tertiärtätigkeiten/40 Prozent Sekundärtätigkeiten/30 Prozent Primärtätigkeiten) liegen. Erste Ergebnisse aus der Pflegepraxis deutscher Kliniken zeigen, dass mit solch einem Mix die Patientenversorgung nicht verschlechtert wird, eher im Gegenzug zusätzliches Personal (Erhöhung der Servicequalität) eingesetzt werden kann.

Qualifikatorische Anpassungen erfolgen heute überwiegend im Rahmen der betrieblichen Weiterbildung oder innerbetrieblicher Fortbildung. Den höchsten Anteil hat die Qualifizierung durch Anweisung. Eine Hochschulqualifizierung ist überwiegend durch das Interesse der Arbeitnehmerschaft begründet. Obwohl für die Akademisierung auch federführend und durch die Berufsorganisationen gefordert wurden, haben die verbandseigenen Fort- und Weiterbildungsstätten ihr Engagement im Bildungssektor eher ausgeweitet, als reduziert. Absprachen zwischen Hochschulen und Bildungsträgern der Berufsverbände gibt es nicht. Auch die Pflegepraxis steht selten in einem bedarfsdefinierten Diskurs über die Inhalte der Hochschulbildung.

In der Medizin ist es z.B. so, dass ein Teil der Ärzteschaft, vor allem der fachlich qualifizierten und der leitenden Ärzte, wert- und fachstabilisierend in den Kliniken unbefristete Verträge besitzen. Junge Ärzte sollen durchaus aktuelle Entwicklungen in der Medizin entweder klinisch mit entwickeln oder bringen Innovationen von den Universitäten mit. Diese Durchlässigkeit zwischen theoretisch erworbenem und klinisch überprüftem Wissen und der Pflegepraxis ist nicht vorhanden. So wäre es doch denkbar, dass ein Teil der Personalentwicklung z.B. im Pflegemanagement über 50 Prozent der Führungskräfte aus den Hochschulen gedeckt würde. Als Beispiel seinen die Akademischen Lehrkrankenhäuser oder -einrichtungen genannt. Hier muss aber noch in beiden Institutionen, Hochschulen wie Gesundheitseinrichtungen, Überzeugungsarbeit geleistet werden. Zumal viele Studenten gerade studieren, um vom »Bett weg zu kommen.« Aber Pflegedienstleitung zu werden, ohne vorher einen kleineren Bereich geleitet zu haben scheint mir nur schwer zu vermitteln zu sein. Etwas vereinfacht ausgedrückt. Nach einem Medizinstudium kann ein Arzt auch nicht direkt Chefarzt werden und ein Betriebswirt wird nur selten nach seinem Studium als Geschäftsführer eines Großklinikums eingestellt.

Für die Bildungsseite bedeutet dies, dass die Mitarbeiter des Primärbereiches ein Hochschulabschluss benötigen, die Mitarbeiterinnen im Sekundärbereich einen Ausbildungsberuf und die im Tertiärbereich täti-

Abb: Ausgewählte Aspekte einzelner Funktionsträger als Beitrag zur Professionalisierung der Pflegeberufe

Pflegedienstleitungen
- Strukturierter Personaleinsatz auf der Grundlage z.B. der Primär-, Sekundär- und Tertiärtätigkeitsanalyse (Prozessmodell)
- Patientenprozess vor- und nachinstitutionell betrachten
- Dezentralisierte Führung
- Bildungsdifferenzierung

Kostenträger
- Qualitätsvereinbarungen mit den Pflegeverbänden schließen (MDS, ...)

Mitarbeiter
- Beteiligung bei der individuellen Entwicklung bei der Führung einfordern
- Gemeinsames Berufsverständnis entwickeln

Berufsverbände
- bundeseinheitliche Pflegeorganisation mit einheitlichen Zielen weiter initiieren
- Hoheitsrechtliche Funktionen übernehmen (Mittel?)

Politik
- Delegation hoheitsrechtlicher Funktionen an den Pflegeverband (z.B. Kammerdiskussion) Inhalt: z.B. Qualitätssicherung der Pflegeberufe
- Berücksichtigung der Pflege als Funktion in den integrativen Versorgungsformen

gen Mitarbeiter können über Qualifizierungsmaßnahmen und fachspezifische Ausbildungen eingesetzt werden.

Was ist nun weiter zu tun? Die nachfolgenden Hinweise sollen als Anregungen verstanden werden, wie die beteiligten Verbände, Institutionen und Funktionsinhaber reagieren könnten. Die Aufzählung erhebt in keiner Weise Anspruch auf Vollständigkeit. Zunächst ist ein strukturierter Dialog zwischen den Systembeteiligten notwendig.

Von den Berufsverbänden wird wahrscheinlich nicht ernsthaft bestritten, dass ein gemeinsamer oder zentraler Berufsverband, der das Mandat inne hat für »die deutsche« Pflege sprechen zu können, für manche Zielerreichung sinnvoll ist. Die Gründung des Deutschen Pflegerates sind erste zaghafte Versuche eine solche Funktion zu etablieren. Wenn jedoch, wie aktuell vorgesehen der DBfK (Deutscher Berufsverband für Pflegeberufe) seine Verbandsstruktur von neun Landesverbänden auf vier Landesverbände reduzieren möchte, erscheint die zuvor genannte Zielsetzung nur halbherzig. Dieser zu gründende Berufsverband der bundesdeutschen Pflege sollte sich, wie bisher auch die Einzelverbände jedoch mit wenig durchschlagendem Erfolg, dafür einsetzen, hoheitsrechtliche Aufgaben (Qualitätssicherung der Pflegeberufe, ...) übertragen zu bekommen. Diese Übertragung muss politisch gewollt sein. Auch hier kann nur gehofft (!) werden, dass Pflege aus ihrer unpolitischen Struktur heraustritt und in der Parteienlandschaft aktiv wird. Dies kann auch über Einzelpersonen geschehen.

Eine Berücksichtigung der Pflegeberufe in den »Neuen Versorgungsformen« (Integrierte Versorgung, Globalbudgets, Desease Management Programme, usw.) wird wohl aktuell, zwar im Nachhinein, umgesetzt werden.

Von Seiten der Kostenträger ist zu erwarten, dass zukünftige Qualitätssicherungsmaßnahmen in Abstimmung mit dem (den) Berufsverband (Verbänden) beschlossen werden und nicht, wie bisher, lediglich von Seiten z.B. des MDS einseitig festgelegt. Die Definition einer wie auch immer gesellschaftlich notwendigen Pflege kann nicht ausschließlich dem monetären Bereich überlassen bleiben.

Auf der Ebene der Mitarbeiter ist ein einheitliches Berufsverständnis zu formulieren. Beginnend in der jeweiligen Ausbildungsstruktur kommt einem standesbewussten und ethischen Handlungskonzept zu wenig Bedeutung zu.

Die verantwortlichen Führungskräfte im Pflegedienst werden sich in Zukunft entweder weiter »wegrationalisieren« (keine Mitgliedschaft in einem Direktorium oder einer Betriebsleitung), indem sie sich überwiegend betriebswirtschaftlich definieren. Oder aber, sie schaffen den Spagat zwischen einer betrieblich notwendigen Gesamtverantwortung und einer pflegespezifischen Vertretung dieser Berufsgruppen in den Gesundheitseinrichtungen.

Auch wenn es in Zeiten angespannter Finanzlagen nur menschlich allzu verständlich erscheint, dass zentralistische Organisationskonzepte umgesetzt werden (Kontrolle der Pflegepersonalbudgets liegt bei der Pflegedienstleitung), kann aus anderen Branchen gelernt werden, das in komplexer werdenden Strukturen eine stringente Dezentralisierung notwendig ist. Dies bedeutet weg von einer baulichen (stationsbezogenen) Betrachtung, hin zu einer institutionellen und überinstitutionellen Betrachtung der Versorgungsprozesse (Case Management, Care Management, ...). Der Personaleinsatz sollte die Grundlagen der Personalwirtschaft berücksichtigen. Bisher wurden lediglich der örtliche, der zeitliche und der quantitativer Personalbedarf unterschieden. Die Frage nach der Qualität der Pflegenden für eine definierte Aufgabe oder Funktion wurde bisher nicht beantwortet. Bis vor kurzem war eine gute Pflegedienstleitung diejenige, die einen möglichst hohen Anteil an 3-jährig examinierten Pflegekräften vorgehalten hat. Auch wenn diese mit Administration wie Lagerhaltung, Reinigung, der Suche nach Röntgenbildern, u.ä. beschäftigt waren.

Es ist also viel zu tun. Aber gerade das macht die Pflege als Beruf auf dem Weg zur Professionalisierung so spannend.

Literatur

Blum, K. (2003). Pflegefremde und patientenferne Tätigkeiten im Pflegedienst der Krankenhäuser – Bestandsaufnahme und Verbesserungsvorschläge. Düsseldorf: Deutsche Krankenhaus Verlagsgesellschaft.
Forum Sozialstation (2006). http://www.forumsozialstatio.de. Mitteilung No. 22/ 2006.
Hesse, H. A. (1972). Berufe im Wandel. (2. überarb. Aufl.). Stuttgart: Enke Verlag.
Koalitionsvertrag zwischen CDU, CSU und SPD v. 11.11.2005. S. 88f., 4346–4374.
Krankenpflegegesetz (KrPflG) (2003). Gesetz über die Berufe in der Krankenpflege und zur Änderung anderer Gesetzte. In: Bundesgesetzblatt Jahrgang 2003. Teil I Nr. 36. Ausgegeben zu Bonn am 21. Juli 2003.
Moers, M. (2006). Ausdifferenzierung der Pflegeberufe – Chance oder Rationalisierungsfalle? Vortrag gehalten auf dem 7. Gütersloher Pflegesymposium am 26. April 2006. Gütersloh.
Universität Hamburg (2006). http://www.sign-lang.uni-hamburg.de/projekte/slex/ SeitenDVD/Konzepte/L53/L5332.htm. o.A., Departments Sprache, Literatur, Medien. (17.08.2006).
Stooß, F. (1977). Die Systematik der Berufe und der beruflichen Tätigkeiten. In: Seifert, K. H. (Hrsg.): Handbuch der Berufspsychologie. Göttingen: Hogrefe. S. 169–178.
Statistisches Bundesamt (2006). http://www.destatis.de/basis/d/vgr/vgrtab14.php. (17.08.2006).

Hans Nehoda

Prozessanalysen als Instrument interdisziplinärer und berufsübergreifender Zusammenarbeit. Ein Praxisbeispiel aus dem Krankenhaus in Meran

1. Einleitung

Krankenhäuser stehen zunehmend unter einem ökonomischen Druck und Qualitätsdruck. Um die Gesundheitsleistungen ökonomisch effizient und qualitativ hochwertig anbieten zu können, benötigen sie zunächst und als grundlegende IST-Analyse, eine optimale Ausrichtung der Prozesse. Grundlegend hierfür ist eine permanente Analyse mit konsekutiver Umsetzung von Verbesserungspotentialen in die Prozessabläufe. Je zielgenauer die Bewertung der IST-Situation gelingt, desto effektiver können Verbesserungspotentiale abgeleitet werden.

Aufgrund weitgehend fehlender Kenntnisse wirtschaftswissenschaftlicher, organisatorischer und Management-Tools, erfolgt in den Krankenhäusern die Bewertung der Prozesse häufig unsystematisch; so werden diese meistens intuitiv bewertet oder nur anhand weniger Kriterien beurteilt. Deswegen ist es sinnvoll und nützlich, Prozessanalysen für interdisziplinäre Projekte zu nutzen. Prozessanalysen können als Management – Tools dienen: denn über diese Methode gelingt es, nicht nur die berufsübergreifende Zusammenarbeit darzustellen, sondern auch Schnittstellenprobleme zu visualisieren. Zunächst ist es notwendig, ein Verfahren zur Identifikation von Verbesserungspotentialen in den ambulanten Krankenhausprozessen darzustellen, um alle relevanten Prozessinhalte, Eigenschaften und Wechselwirkungen zwischen den einzelnen Berufsgruppen und den Patienten analysieren zu können.

Dieser Beitrag ist – diesen Grundgedanken folgend – wie folgt aufgebaut:

Das *Kapitel 2* beschreibt das vom Europäischen Sozialfond (ESF) geförderte Projekt in Meran. Innerhalb des Kapitels 2 wird auch die angewandte Methode vorgestellt und es werden das Analysemodell und die von dem Projektteam ausgearbeiteten Tools vorgestellt (qualitative und quantitative Prozessanalysen, Arbeitsanfallanalyse, operativer Plan).

Im *Kapitel 3* folgt eine kurze Darstellung, aus welchem Grund Prozessanalysen im Krankenhaus notwendig sind. Der Verfasser verweist an dieser Stelle an eine weitere Publikation in der »Zeitschrift für Humanontogenetik«. In dieser Publikation wird das Thema wissenschaftstheoretisch fundiert.

Im *Kapitel 4* werden die Ergebnisse der quantitativen und qualitativen Prozessanalysen und die sich daraus ergebenden Konsequenzen (Umsetzungsvorhaben) vorgestellt.

Im *Kapitel 5* wird dargestellt, wie unterschiedlich Prozessziele sein können. Die Ziele der Prozessbeteiligten hängen ganz entscheidend von der Perspektive ab. Diese – manchmal divergierenden – Ziele erschweren die Zusammenarbeit der Berufsgruppen und führen zu unterschiedlichen Konflikten. Es ist für die Effizienz der Prozesse wichtig, die unterschiedlichen Perspektiven der Prozesse darzustellen, um Verständnis für die berufsgruppenbezogenen Handlungsstrategien zu erhalten.

Das abschließende *Kapitel 6* beschäftigt sich mit der Umsetzung von Prozessanalysen über das Instrument der »operativen Planung«. Dieses Instrument wird notwendig, weil den involvierten Führungskräften überwiegend die Kompetenz fehlt, Umsetzungsmaßnahmen durchzusetzen. Neben diesen wirtschaftlichen und organisatorischen Aspekten von Prozessanalysen darf man auf keinen Fall vergessen, dass die Behandlung von Patient/innen einhergeht mit persönlichen Lebenskrisen. Deswegen ist es unbedingt erforderlich, dass der innerbetriebliche Diskurs zum Thema Ethik begleitend weitergeführt wird. Es kann nicht sein, dass Prozessanalysen nur dem wirtschaftlichen Paradigma folgen. Der Verfasser hat zu diesem speziellen Thema eine weitere Veröffentlichung geplant und verweist diesbezüglich auf den in nächster Zeit erscheinenden Beitrag (»Case-Management: Möglichkeiten und Chancen biografischer Methoden – zur Notwendigkeit einer verbindlichen Ethik bei der medizinischen und pflegerischen Versorgung der Patienten«).

Die ethische Richtschnur des Handelns ist das (ontologische) Aufspüren der »Wahrheit«. Dieser Zusammenhang wird noch zwingender, wenn wir den Begriff des »Guten« durch den Begriff der »Wahrheit« verdeutlichen und diese Symbiose den Schichten existentieller menschlicher Bedürfnisse zuordnen.

2. Prozessanalysen im Krankenhaus in Meran

Die konkrete Situation auf den Ambulanzen des Krankenhauses war gekennzeichnet durch Organisationsdefizite. Sichtbar drückte sich dies in langen Wartezeiten der Patienten, überfüllten Wartezonen und Gängen und hohes Beschwerdeaufkommen von Patient/innen aus. Innerhalb des Projektes, das durch den Europäischen Sozialfond (ESF) gefördert wurde, vereinbarte das Projektteam des Krankenhauses, der Primar der Fachabteilung sowie der Berater des Institutes für Humanontogenetik, eine umfassende Prozessanalyse durchzuführen. Ziel war es, die Organisation zu verbessern, die Wartezeiten für die Patienten zu senken und insgesamt die Qualität der Organisation zu verbessern. Um das Ziel zu erreichen, wurde eine Prozessanalyse auf den Ambulanzen des Krankenhauses durchgeführt, die den Patientenzulauf, in Verbindung mit dem eingesetzten Fachpersonal und den Arbeitsmitteln sowie der Planung der Ablauforganisation setzte. Diese Prozessanalyse wurde mit den Methoden quantitativer Verfahren realisiert. (vgl. eine ausführliche Darstellung des methodischen Ansatzes in: Nehoda 2002, Seite 115–129). Ziel der IST-Analysen war es, einerseits die Güte der Prozesse im täglichen Ablauf der einzelnen Ambulanzen zu beurteilen, andererseits die Schnittstellen kritisch zu bewerten und Reibungspunkte darzustellen. Die Ergebnisse wurden nachher von den Projektleitern und Führungskräften der Pflegedirektion ausgewertet.

In einem weiteren Schritt wurde eine Arbeitsanfallanalyse bei den Ärzten der Ambulanz durchgeführt. Anhand dieser Arbeitsanfallanalyse, sollten vor allem Hinweise zur Arbeitsbelastung und zu den Kerntätigkeiten gefunden werden. Diese Prozessanalyse wurde mit den Methoden qualitativer Verfahren realisiert (vgl. eine ausführliche Darstellung des methodischen Ansatzes in: Nehoda 2002, Seite 115–129).

Die angewandte Methodik über ein spezielles Statistikprogramm erlaubt eine Visualisierung des Auslastungs- und Belastungsgrades in den einzelnen Ambulanzsektoren. Dadurch wurde es möglich dem fachvorgesetzten Management (Primare, Krankenhausdirektion, Stabstellen usw.), das die einzelnen Prozessabläufe, die Schnittstellen und die Qualität interdisziplinärer und berufsübergreifender Arbeit im Detail nicht kennt, die Problemzusammenhänge darzustellen und an den Diskussionen zu beteiligen. Die Beteiligung des fachvorgesetzten Managements ist deshalb wichtig, weil dieser Personenkreis entscheidet, ob und in welchem Umfang Ressourcen für geplante Umsetzungsmaßnahmen zur Verfügung gestellt werden. Während der Analysephase wurde versucht Verbesserungspotentiale aufzudecken und langsam umzusetzen, um Ablehnung einzelner Berufsgruppen zu vermeiden.

Das angewandte Verfahren, das alle beteiligten Berufsgruppen und hierarchischen Ebenen einbezog, hat gezeigt, dass für die Umsetzung prozessverbessernder Maßnahmen die Mitarbeit und Offenheit aller Berufsgruppen gefordert ist. Hierarchische Strukturen können notwendige Verbesserungen und Prozessoptimierungen verhindern, weil Vertreter höherer hierarchischer Strukturen nicht nur dem Argument folgen, sondern auch der Fundamentierung von Einfluss und Macht. Aus der hierarchischen Position der Ärzte ergibt sich, dass sie als Führungspersonen eine Schlüsselrolle bei der Umsetzung von Prozessoptimierungen einnehmen. Leider fehlt dieser Berufsgruppe weitgehend das Prozessdenken. Unter anderem, weil dieses Prozesswissen nicht zur Ausbildung der Mediziner gehört. Für die Pflegefachkräfte erwiesen sich besonders die Visualisierung und die damit verbundene Transparenz der Leistungen als motivierend.

Anschließend hat das Projektteam die Ergebnisse analysiert und Umsetzungsvorschläge erarbeitet. Die Umsetzungsvorschläge wurden zusammen mit dem »operativen Plan« (siehe weiter unten) der Krankenhausdirektion präsentiert. Über die wesentlichen Umsetzungsvorschläge bestand und besteht Konsens, so dass sie realisiert werden konnten und können. Aus Sicht des Beraters bleibt festzustellen, dass die Arbeitsbelastungen für die Ärzte auf der Ambulanz durchgängig sehr hoch sind. Man kann objektiv belegen, dass hier durchweg an Leistungsgrenzen gearbeitet wird. Das Pflegepersonal passt sich dieser Grundsituation an. Diese Anpassungsleistung ist sehr hoch zu bewerten, weil die interne Organisation der Ärzte (z.B. Personalplanung der Ärzte) fast täglich geändert wird. So gibt es beim Pflegepersonal allein 17 unterschiedliche Schichtmodelle, um flexibel auf den Ärzteeinsatz reagieren zu können.

Trotzdem und gerade deshalb ist die Veränderungsbereitschaft unter den Ärzten und Pflegefachkräften sehr groß. Es bestand und besteht eine hohe Erwartung an der Realisierung der Umsetzungsvorschläge, die durch die Prozessanalyse erarbeitet wurden. In einem weiteren Arbeitsschritt, wurden die Umsetzungsmaßnahmen evaluiert, um den Erfolg der vorgeschlagenen Maßnahmen belegen zu können und um zu erarbeiten, aus welchem Grunde sich Erfolge nicht einstellen konnten.

3. Zur Notwendigkeit von Prozessoptimierungen in Krankenhäusern

Ein Allgemeinplatz ist die Feststellung, dass die Kosten des Gesundheitswesens ständig zunehmen. Das ist in Deutschland nicht anders als in Südtirol. In Südtirol ist die Kostenentwicklung des Gesundheitswesens in den letzten Jahren eines der meistdiskutierten Themen überhaupt geworden. Die demografische Entwicklung in Deutschland über die nächsten 5–10 Jahre macht deutlich, dass wir mit einem erhöhten Anteil von älteren Menschen innerhalb unserer Gesellschaft zu rechnen haben. Auf Grund von knapper werdenden Ressourcen werden Schwerpunkte der pflegerischen Interventionen Beratung, Unterstützung und

Hilfe zu weitgehend selbstständigen Lebensführung sein müssen. Die Versorgungsprozesse in den Krankenhäusern müssen sich auf diese Bedingungen einstellen. Deshalb ist es unbedingt notwendig, dass die Krankenhausprozesse medizinisch, pflegerisch und sozial optimiert werden.

Erschwerende Faktoren für die Versorgungsprozesse im Krankenhaus (eine Auswahl):
- Die verkürzte Verweildauer der Patienten setzt eine optimale Prozesssteuerung voraus.
- Die Trennung von medizinischer und pflegerischer Intervention führt zu Schnittstellenproblemen und Prozessdefiziten.
- Die ungeklärte poststationäre Versorgung führt zum Drehtüreffekt und hat negativen Einfluss auf die zu erbringenden Garantieleistungen. Außerdem werden Krankenhäuser vor die Situation gestellt, wie es Frührehabilitationsansätze innerhalb der verkürzten Liegedauer umsetzen wird. Für die anschließende poststationäre Versorgung müssen Konzepte und Strukturen sowie »Prozesse« entwickelt werden.

Arbeitsthese 1
Die zukünftige demographische Entwicklung in Deutschland führt zu einer so genannten »Über-Alterung« der Gesellschaft. Künftig ist mit einer erhöhten Nachfrage nach altersspezifischen und altersgerechten Infrastrukturen und Leistungen zu rechnen. Statistischen Angaben zu Folge sind derzeit 2,04 Millionen Menschen pflegebedürftig, von denen 1,44 Millionen im häuslichen Umfeld gepflegt werden. Prozessanalysen können die Ressourcen schaffen, die notwendig sind, um auf die erhöhte Nachfrage reagieren zu können.

Arbeitsthese 2
Parallel dazu wird der Bedarf an Pflegeleistungen und der Kostendruck steigen. Gleichzeitig steigen die Erwartungen und Anforderungen an die stationäre und poststationäre Versorgung, die Bedürfnisse und die Wünsche, z.B. nach Mobilität und Autonomie, von Patienten individuell zu berücksichtigen. Die Stärkung verschiedener Bereiche, wie die Kompetenzerweiterung der pflegenden Angehörigen, die Absicherung der ambulanten pflegerischen Versorgung, ebenso wie die der hauswirtschaftlichen, stellen adäquate Mittel der Prävention dar. Auch dafür müssen von den Krankenhäusern Ressourcen bereitgestellt werden. Prozessanalysen sind ein notwendiges Mittel, Leistungsreserven der Organisation aufzuzeigen.

Arbeitsthese 3
Institutions- und berufsübergreifende Konzepte und die Qualifikation von Fachpersonal können den aufgeführten Entwicklungen und daraus resultierenden Anforderungen Rechnung tragen. Prozessanalysen belegen, dass eine systematisch angelegte Kooperation und Vernetzung von verschiedenen Leistungsanbietern Synergien schaffen, die zu qualitativ besseren Leistungen bei einem rationelleren Ressourceneinsatz führen können.

Neben diesen, in den Arbeitsthesen genannten Grundproblematiken im Zusammenhang mit der Notwendigkeit Prozessanalysen durchzuführen, zeichnen sich vor dem Hintergrund der Gesundheitsreform und der soziologischen Bevölkerungsentwicklung weitere Themenschwerpunkte ab, die die Methode der »Prozessanalyse« zu einem ganz entscheidenden Verfahren des Krankenhausmanagements machen (müssen).

Themenauswahl:
- Die Realisierung von migrantenspezifischen Versorgungsprozessen.
- Die Realisierung der Palliativmedizin und –pflege (vgl. Bericht der Enquetekommission des Bundeslandes Nordrhein-Westfalen).
- Die Reduzierung der Krankenhausbetten.
- Die Realisierung des Case-Managements und die dazugehörigen Dienstleistungszentren.
- Die Verbesserung der berufsübergreifende Zusammenarbeit im Krankenhaus.
- Die Realisierung der »Garantielestungen«.
- Die Einführung eines »wirksamen« Qualitätsmanagementes.

Um diese besonderen gesundheitspolitischen Ziele realisieren zu können bedarf es einer Optimierung der internen Prozesse, um diejenigen Ressourcen (Personal, Betriebsmittel) generieren zu können, die für die zusätzlichen Ausgaben bereitzustellen sind. Gut strukturierte Krankenhausprozesse in den Abteilungen, auf den Ambulanzen und im OP bilden dabei die beste Voraussetzung für eine effektive und effiziente Unterstützung zur Gesundung der Patienten und fördern somit eine gesicherte Existenz des Krankenhauses. Die Verbesserung der Krankenhausprozesse hat die Aufgabe die Dienstleistungen am Patienten zu verbessern. So können z.B. Wartezeiten auf den Ambulanzen reduziert werden. Es können notwendige OP's patientenorientierter geplant und die Rehabilitationsphase, mit den nach geordneten Strukturen (Hausärzte, Krankenpflegedienste, Sanitätshäuser usw.) verbessert werden. Der Dauerdruck auf das Krankenhausmanagement, die ärztlichen Leiter und die Pflegedirektion, entwickelt sich seit einigen Jahren vor allem durch die Ressourcenknappheit der öffentlichen Haushalte, verbunden mit den steigenden Ansprüchen der Patienten, der demographischen

Entwicklung und in den medizinisch-technischen Möglichkeiten der modernen Medizin. Hinzu kommt, dass durch die Einführung der fallbasierten DRG – Finanzierung, die keine Rücksicht auf die bisherigen organisatorischen Abläufe der Patientenbetreuung nimmt, die Verantwortung der Patientenbetreuung auf verschiedene Abteilungen und Funktionsdienste verlagert wird, mit der Folge der Zersplitterung der internen Finanzierung.

Prozessoptimierungen im Krankenhaus können und werden dazu beitragen, trotz und wegen der veränderten äußeren Umstände, die Krankenhausprozesse so zu gestalten, dass nicht nur die Patienten und deren Angehörige profitieren, sondern auch die beteiligten Mitarbeiter/innen, z.B. durch Anerkennung der erbrachten Leistungen und durch mehr Zufriedenheit der Patienten. Die Hauptaufgabe besteht zunächst einmal darin, die Schwachstellen der Prozessabläufe zu erkennen und wirkungsvoll zu beheben. Bezieht man darüber hinaus noch Konzepte mit ein, die zu einer Optimierung der Abläufe und der Ergebnisse der Krankenhausprozesse beitragen, so wird sich die Struktur Krankenhaus gegen die widrigen äußeren Umstände behaupten können. Vor diesem Hintergrund sind die Untersuchungen der Prozessabläufe an den Ambulanzen des Krankenhauses zu sehen, um dadurch Schwachstellen zu erkennen und um Verbesserungspotenziale umsetzen zu können. Im Anschluss an die vorgeschlagenen Umsetzungsmaßnahmen werden dann die Maßnahmen evaluiert und der Nutzen überprüft.

4. Durchführung von Prozessanalysen im Krankenhaus Meran/ Darstellung der IST-Situation

Auf der Basis der Prozessanalyse anhand ausgewählter Parameter wurde die IST-Situation mit ihrer Wirkung auf den Gesamtprozess dargestellt und ein Konzept für ein erfolgreiches Management mit verbesserten Leistungen entwickelt. Die Leistungen der Ambulanzen nehmen im gesamten Leistungsprozess des Krankenhauses eine wichtige Stellung ein, weil sie die vor- und nachgeschalteten Prozessabläufe wesentlich beeinflussen. Außerdem haben die Polyambulanzen den größten Patientenanteil des Krankenhauses und sind deswegen das Aushängeschild des Krankenhauses und demzufolge ein sehr hoher Imagefaktor. Da die Krankenhäuser in Südtirol untereinander in einer Konkurrenzsituation stehen (die so genannte aktive und passive Mobilität), erhöhen wenig patientenorientierte Prozesse gleichzeitig die Gefahr, dass »Meraner« Patienten, in die anderen Krankenhäuser in Bozen, Brixen, Sterzing, Bruneck und Innichen abwandern und somit die Kosten steigen und die Erträge senken. Ein solcher Zusammenhang ist einfach nachzuweisen: so hat z.B. die Geburtsabteilung des Krankenhauses in Sterzing ein sehr gutes »Image« durch patientinnenorientierte »Prozesse« und betreut weit mehr Patientinnen (ca. 500 im Jahr) als aus der Region kommen (ca. 300 im Jahr).

Tabelle 1: IST-Analyse: Wartezeiten und Zusammenarbeit der Berufsgruppen

Interpretation der Ergebnisse »Zusammenarbeit der Berufsgruppen und Wartezeiten der Patienten«:

Die Ärzte kommen am Morgen später als die vorgemerkten Patienten (vgl. Auswertungen). Dies ist ein allgemeines Phänomen und kann gut belegt werden. Da die Patienten größtenteils ab 08.00 Uhr vorgemerkt sind, entsteht in der Folge ein Stau, der zu Wartezeiten für die Patienten führt. Dieser kann bis zum Mittag nicht abgebaut werden. Dies wiederum führt dazu, dass die Ärzte, die Pfleger/innen und Sekretärinnen über die festgelegte Mittagszeit hinaus arbeiten bzw. durcharbeiten. Die weiter unten beschriebene qualitative Arbeitsanfallanalyse bei den Ärzten zeigte zudem, dass gerade die Leistungsträger und engagierten Ärzte die »Opfer« dieses Systems sind. Während die Ärzte, die Dienst nach »Vorschrift« machen, von den defizitären Prozessen begünstigt werden.

Nachdem die, für den Vormittag vorgemerkten, Patienten ihre medizinische Versorgung erhalten haben, wird die Mittagspause genommen.

Diese hat sich allerdings so weit nach hinten verlagert, dass sehr häufig wiederum die ersten vorgemerkten Nachmittagspatienten bereits in den Ambulanzen warten. Erneut kommt es zu einem Stau, der dann unweigerlich zu einer Ausdehnung der Arbeitszeit und somit zu Überstunden führt. Das Projektteam hat festgestellt, dass die beschriebene Situation auch zu einer Verkürzung der Visiten führt.

Diese Situation führt zu folgendem Ergebnis aus Sicht des Patienten: lange Wartezeit auf die Vormerkung für einen Termin – lange Wartezeit in den Ambulanzen am Tag der Leistung – Visiten unter 3 Minuten – Mindestkosten für ein Ticket: 18,10 Euro. Diese Situation ist aus Qualitätsgesichtspunkten und Imageerwägungen nicht akzeptabel. Die durch die Unpünktlichkeit entstehenden Leerzeiten führen auch zu einer Nichtnutzung der Räume. Dieses ist aus ökonomischen Erwägungen nicht sinnvoll.

Organisatorische Folgen der defizitären Prozesse:
– Lange Wartezeiten (über 90 Minuten) für die Patienten in den Ambulanzen (Image).
– Ungleichmäßige Auslastung der Pflegefachkräfte (Leerzeiten und Überstunden, Kosten).
– Unregelmäßige Mittagspausen (Arbeitsbelastung, Mitarbeiterzufriedenheit und -motivation).
– Ausdehnung der Arbeitszeiten über die Öffnungszeiten der Polyambulanzen hinaus, weil der Ticketschalter nur bis 17.30 Uhr besetzt ist (Schnittstellendefizite zu anderen Leistungserbringern, Kosten).
– Zusammenspiel mit anderen Diensten z.B. Radiologie, Labor ist ungeplant (Schnittstellendefizite zu anderen Leistungserbringern, Kosten).
– Der Reinigungsdienst kann erst später beginnen (Schnittstellendefizite zu anderen Leistungserbringern, Kosten).

Wirtschaftliche Folgen der defizitären Prozesse:
– Zusätzliche Kosten für den Reinigungsdienst (vermeidbare Kosten).
– Ineffiziente Nutzung der Pausen (Mitarbeitermotivation, Zusatzkosten).
– Leerzeiten/ungleichmäßige Auslastung des Pflegepersonals (Personalkosten).
– Leerzeiten der materiellen Ressourcen (Geräte und Räume, Betriebskosten).
– Problem der Leistungserfassung, weil das Ticketbüro um 17.30 Uhr schließt (erbrachte Leistungen gehen verloren, Einnahmeverlust).

Immaterielle Folgen der defizitären Prozesse:
– Belastung des Personals durch unregelmäßige/Wegfall der Pausenzeiten (Mitarbeiterzufriedenheit und -motivation).

- Reduzierung der Visitenzeiten auf ein Minimum (s. Auswertung) (Image).
- Wartezeiten für die Patienten und damit sinkendes Image bei der Bevölkerung (Image, Patientenzufriedenheit).
- Unnötiger Stress durch Nichteinhaltung der Polyambulanzzeiten (Image, Mitarbeiterzufriedenheit).

In einem weiteren Schritt der Prozessanalyse wurden die erbrachten Leistungen in Zusammenhang mit den dargestellten Abläufen gesetzt und empirisch ausgewertet.

Abb. 2: Patienten der orthopädischen Ambulanz im Wochenüberblick

Tagesabschnitt	Röntgenbilder	Krankengeschichten	Behandelte Patienten Insgesamt
Vormittag	Nicht erhoben	18	408
Nachmittag	55	19	116
Gesamt	55	37	524

Interpretation der Ergebnisse »Indikatoren für einen patientenorientierten Prozessablauf«:
Der Patientenstrom verläuft nicht kontinuierlich/es gibt wiederkehrende Spitzenzeiten.
1. Auffällig ist der überproportionale Anteil der Patienten zu Beginn der Ambulanzzeiten am Morgen.
2. Die Prozessanalyse lässt den Rückschluss zu, dass in einem kürzeren Rhythmus vorgemerkt wird, als vorgesehen (oder gar nicht vorgemerkt wird).
3. Es ist aber nicht möglich, schneller als in einem 10-Minuten-Rhythmus Patienten zu behandeln.
4. Durch diese Ausweitung der Vormerkungen ergeben sich schon am frühen Morgen Wartezeiten für die Patienten.

Der Anteil der Patienten mit Termin, aber ohne Eintrag in der Vormerkliste ist relativ hoch (7 Prozent). Insgesamt melden sich 7 Prozent aller Patienten (entspricht 37 Patienten wöchentlich und ca. 8 Patienten täglich), die einen Termin haben, aber nicht in der Vormerkliste eingetragen sind. Dieser EDV-Fehler führt zwangsläufig zu zusätzlichen Wartezeiten.

Personalplanung:
Die Krankenpfleger/innen leisteten in dieser Woche (15.12.–19.12.2003) zusammen mehr als 450 Minuten an Mehrarbeit. Da diese Mehrarbeit/

Differenz zwischen tatsächlicher und geplanter Anwesenheit der Ärzte und der Krankenpflege im Wochendurchschnitt (15.12. bis 19.12.2003)

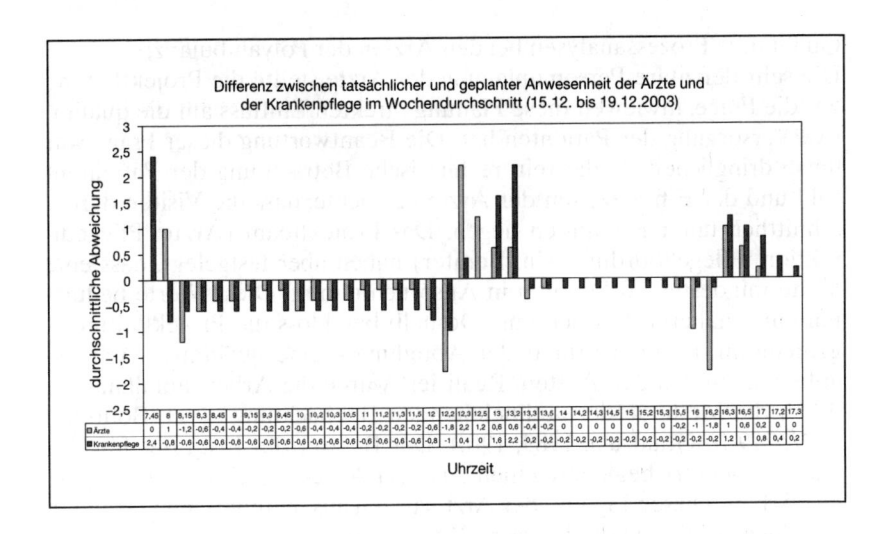

Uhrzeit	7,45	8	8,15	8,3	8,45	9	9,15	9,3	9,45	10	10,2	10,3	10,5	11	11,2	11,3	11,5	12	12,2	12,3	12,5	13	13,2	13,3	13,5	14	14,2	14,3	14,5	15	15,2	15,3	15,5	16	16,2	16,3	16,5	17	17,2	17,3
Ärzte	0	1	-1,2	-0,6	-0,4	-0,4	-0,2	-0,2	-0,2	-0,6	-0,4	-0,4	-0,4	-0,2	-0,2	-0,2	-0,6	-1	-1,8	2,2	1,2	0,6	0,6	-0,4	-0,2	0	0	0	0	0	0	-0,2	-1	-1,8	1	0,6	0,2	0	0	
Krankenpflege	2,4	-0,8	-0,6	-0,6	-0,6	-0,6	-0,6	-0,6	-0,6	-0,6	-0,6	-0,6	-0,6	-0,6	-0,6	-0,8	-1	0,4	0	1,6	2,2	-0,2	-0,2	-0,2	-0,2	-0,2	-0,2	-0,2	-0,2	-0,2	-0,2	-0,2	-0,2	1,2	1	0,8	0,4	0,2		

Überstunden zum großen Teil durch Zeitausgleich abgegolten werden, kommt es zwangsläufig zu Personalengpässen, da die Koordinatorin nur auf das vorhandene Personal zurückgreifen kann. Die Planungskontinuität der Ärzte könnte dabei einen großen Anteil leisten.

Ärzte: Wird die geplante Anwesenheit der Ärzte am Vormittag auf 8.15 Uhr bis 12.30 Uhr festgelegt, dann unterschreiten alle Ärzte zusammen die Arbeitszeit um mehr als 300 Minuten. Insbesondere im Hinblick auf den starken »Patientenüberhang« am Vormittag ist dies als kritisch zu betrachten. Um 12.15 Uhr verlassen – aus nicht eindeutigen Gründen – durchgehend 2 Ärzte die Ambulanz. Dies ist sehr kritisch, denn gerade zu dieser Zeit befinden sich noch viele Patienten auf den Ambulanzen, die schon länger warten. Am Nachmittag entsteht ein Zeitdefizit von mehr als 150 Minuten.

Wesentliche Ergebnisse der quantitativen Erhebung:
– Mangelnde Patientenorientierung der Prozesse (lange Wartezeiten, kurze Visitenzeiten).
– Vergeudung von Personalressourcen (Personalplanung der Pflegekräfte ist ineffizient, Unpünktlichkeit der Ärzte, viele Überstunden).
– Unzufriedenheit des Personals (Belastung der Leistungsträger, keine Differenzierung, wenig Anreiz zu Leistung, Stress).
– Es werden unnötige Kosten produziert (Überstunden der Ärzte und der Pflegefachkräfte).
– Die Kernprozesse werden behindert (durch nichtfachliche Arbeiten, kurze Visiten, Wartezeiten).

Qualitative Prozessanalysen bei den Ärzten der Polyambulanz:
Die sehr defizitäre Personalplanung der Ärzte stellte die Projektleitung vor die Frage, inwieweit diese Planung direkten Einfluss auf die qualitative Versorgung der Patienten hat. Die Beantwortung dieser Frage war umso dringlicher, da die rein rechnerische Betrachtung der Patientenzahl und der Einsatzzeiten der Ärzte erbrachte, dass die Visiten durchschnittlich unter 3 Minuten liegen. Das Projektteam (Ärzte, Pflegedirektion, Pflegekoordinatorin, Berater) haben aber festgelegt, dass eine Visite mindesten 10 Minuten in Anspruch nimmt. Diese Werte bedurften einer näheren Betrachtung. Deshalb beschloss die Projektleitung – gemeinsam mit dem Primar der Abteilung – eine qualitative Arbeitsanfallanalyse bei den Ärzten. Realisiert wurde die Arbeitsanfallanalyse durch die Methode der »teilnehmenden Beobachtung« (vgl. Bourdieu 1997, 779 ff; Graaf u.a. 1989, 19ff.). Der Berater des Institutes für Humanontogenetik begleitete einen Arzt der Abteilung einen Tag lang bei der Arbeit. Dieser Tag und der Arzt wurden aus methodischen Gründen zufällig gewählt, um methodische Repräsentativität zu erreichen.

Ergebnisse der qualitativen Prozessanalyse »Arbeitsanfall bei den Ärzten der Abteilung/Patientenorientierung der Prozesse/berufsübergreifende Zusammenarbeit«:

a. Umfang der Stichprobe

8^{30} bis 13^{40} Uhr
310 Minuten
- 30 Patienten
- 3 Krankengeschichten
- 27 Kontrollvisiten/davon einen Verbandswechsel
- 4 außerplanmäßige fachliche Unterstützungen der Jungärzte
- 1 persönliche Anfrage eines Chirurgen (interdisziplinäre Begutachtung)

14^{00} bis 17^{35} Uhr
215 Minuten
- 9 Patienten (7 waren vorgemerkt)
- 1 Krankengeschichte (vor OP, komplexer interdisziplinärer Hintergrund mit zusätzlicher Neuorganisation der Aufnahmen, Vorverlegung aufgrund der medizinischen Indikation *Herzerkrankung*)
- 1 Kontrollvisite (lange Beratung älterer Patient, 45 Minuten)
- 7 Erstvisiten

b. Organisatorischer Rahmen
An dem Tag der Arbeitsanfallanalyse gab es optimale Arbeitsbedingungen (das ist die Ausnahme!). Der Arzt konnte in zwei getrennten Untersuchungsräumen arbeiten, die Patienten wurden jeweils von einer Schwes-

ter auf die Visite vorbereitet, so dass Zeitverluste aufgrund von Aus- und Ankleiden entfielen. Am Nachmittag arbeitete ein Krankenpfleger für zwei Ärzte. Diese Situation führte zu Verzögerungen bei den Visiten: sowohl bei den Patienten (Wartezeiten) als auch für den Arzt (Krankenunterlagen wurden nicht rechtzeitig bereitgestellt).

c. Ergebnisse

Positiv: Gute Übergänge von einem Patienten zum nächsten Patienten am Morgen, weil zwei Räume zur Verfügung stehen:
– die Zusammenarbeit mit Schwestern ist eingespielt
– es gab nur Kontrollvisiten bei Patienten, die der Arzt operiert hat (Bezug zum Patienten optimal)
– die Ärzte sind telefonisch gut abgeschirmt durch die Schwestern
– für die Patienten gibt es vorbereitete Telefonnummern/Kontaktadressen von Rehabilitationseinrichtungen, Röntgenspezialisten, medizinische, orthopädische Behelfsmittel usw.

Negativ: Die Vormerkzeiten und geplanten Behandlungszeiträume beziehen sich auf Kontrollvisiten (d.h. ein 10-Minuten-Takt), die Aufnahme der Krankengeschichte dauert aber 30 Minuten (Minimum).
– Durch diese falsche zeitliche Zuordnung entsteht zwangsläufig eine längere Wartezeit (z.B. kam um 10^{25} Uhr der Patient, der für 9^{00} Uhr vorgemerkt war).
– Die Aufnahme der so genannten »Krankengeschichten« wird von Ärzten durchgeführt, die nicht die OP durchführen. Dieses Vorgehen ist nicht patientenorientiert. Das Patientengespräch sollte für den Kontakt zum Patienten genutzt werden. Vertrauensaufbau, Informationen zu Ängsten und zum familiären (sozial-psychologischen) Umfeld, gehören zu den Kernaufgaben der Ärzte auf den Ambulanzen. Die Kernprozesse sollten gestärkt werden.
– Der Arzt wendet zuviel Zeit für die handschriftliche Arbeit auf, anstatt sich dem Patienten zu widmen. Es fällt unangenehm auf, dass der Arzt viele handschriftliche Arbeiten bei gleichzeitiger Patientenbetreuung zu erledigen hat. Das geht zu Lasten der Patientenorientierung.
– Der Arzt arbeitet de facto von morgens 815 bis 1740 Uhr durch, bei gleichzeitiger Begrenzung der Vormerkzeiten (815 bis 1115 Uhr/1330 bis 1530 bzw. 1545 Uhr). Durch die Begrenzung der Vormerkzeiten entsteht eine starke Konzentration der Patienten auf die o. g. Zeiten. Die Planung ist weder patienten- noch mitarbeiterorientiert.
– De facto werden die ersten Patienten am Morgen und am Nachmittag erst mit einer Verzögerung behandelt. Dadurch entsteht schon zu Beginn der Sprechstunden ein Stau, der sich bis zum Ende der Sprechzeiten fortsetzt.

- Die Ambulanzzeit wurde am Morgen von Ärzten und Schwestern nur einmal für eine kurze Kaffeepause unterbrochen (unter 10 Minuten). Diese kurze Pause dient vor allem zu einem fachlichen und organisatorischen Austausch und hat keinen privaten Charakter. Es fällt auf, dass es überhaupt keinen »Sozialraum« auf den Ambulanzen gibt, der für kleine fachliche oder organisatorische Besprechungen zu nutzen ist. So wurde ein Behandlungsraum für diese kurze Zeit »zweckentfremdet«.
- Die Notwendigkeit eines Sozialraumes ist plausibel begründbar: Offensichtlich besteht Bedarf an einem kurzen fachlichen und organisatorischem Austausch. Der vom Beobachter begleitete Arzt wurde dreimal von jüngeren Kollegen und zweimal von anderen Fachabteilungen des Krankenhauses Meran zu einer fachlichen Stellungnahme (interdisziplinärer Erfahrungsaustausch) gebeten. Diese ungeplanten aber immer wiederkehrenden Aufgaben der Ärzte sollten einen bestimmten Rahmen z.B. für die Privacy erhalten. Ein Sozial- oder Besprechungsraum wäre deshalb wünschenswert.

d. Verbesserungen aufgrund der Ergebnisse der qualitativen Prozessanalyse.

Verbesserung der Schnittstellen zu den anderen Berufsgruppen/Stärkung der Kerntätigkeiten/berufsübergreifende Zusammenarbeit (*Aspekte*):

- Pro Arzt (Leistungsträger) zwei Behandlungszimmer und 2 Schwestern (die Arbeitskraft der Jungärzte und Ärzte in Ausbildung sollte mit 50 Prozent angesetzt werden. Deshalb dürfte in diesen Fällen ein Behandlungszimmer und eine Schwester/ein Pfleger ausreichen). Schreibarbeiten (siehe oben) werden z.B. von einem Schreibpool zeitnah erledigt.
- Grundsätzlich sollte der Arzt vom Schriftverkehr entlastet werden, ausgenommen Krankschreibungen, Rezepte, »orth. Behelfsmittel«, Therapieplan.
- Die Zusammenarbeit zwischen Arzt und Schwestern/Pfleger war qualitativ unterschiedlich. Deswegen erscheint es wichtig einen gewissen Standard festzulegen und als verbindlich in die Organisation der Ambulanz aufzunehmen.
- Zeitweise befinden sich so viele Patienten auf der Ambulanz, dass nicht alle einen Sitzplatz finden. Aufgrund der Pathologie der Patienten sollte dieser Zustand bald beendet werden. Eine Entlastung muss natürlich auch durch die o.g. verlängerten Vormerkzeiten bzw. Umorganisation (Auslagerung von Fremdarbeiten) erreicht werden.
- Wesentlich für die optimale Arbeit auf der Ambulanz der Orthopädie ist das Zusammenspiel der Ärzte und Schwestern/Pfleger. Des-

wegen ist es wichtig die beiden Dienste zu harmonisieren. Ein wesentlicher Baustein in diesem Zusammenhang ist die Abstimmung der Ärzteplanung mit der Planung der Pflegefachkräfte. Es ist für die Patienten ungünstig, wenn zu wenig Pflegepersonal eingeplant werden, weil es den reibungslosen Ablauf stört. Ökonomisch schlecht ist auch eine Überbesetzung an Pflegefachkräften oder Leerzeiten, die durch Verspätungen auftreten.

5. Prozessperspektiven: Zieldefinitionen der unterschiedlichen Berufsgruppen

Die an den Prozessen beteiligten Berufsgruppen haben ganz unterschiedliche Ziele. Diese – manchmal divergierenden – Ziele erschweren die Zusammenarbeit der Berufsgruppen und führen zu unterschiedlichen Konflikten. Es ist für die Effizienz der Prozesse wichtig, die unterschiedlichen Perspektiven der Prozesse darzustellen, um Verständnis für die berufsgruppenbezogenen Handlungsstrategien zu erhalten.

Abb. 4: Tabelle Prozessanalysen

PROZESSE	Aufnahme	Diagnostik	Therapie	Entlassung	Nachsorge/ Selbstsorge
Ethische Perspektive					
Patientenperspektive					
DRG-Perspektive					
QM-Perspektive					
Ökonomische Perspektive					

Innerhalb der Prozessanalysen, muss es in einem weiteren Schritt gelingen, die unterschiedlichen Perspektiven mit Inhalten zu füllen. Aus diesem Arbeitsschritt der Prozessanalysen wird sichtbar, wie komplex die Problemstellungen sein können. Aus dieser Komplexität ergibt sich auch das Konzept der Umsetzungsstrategie.

Die Darstellung zeigt, wie gegensätzlich die Perspektiven und wie manchmal unversöhnlich die entsprechenden Handlungsziele erscheinen. Am deutlichsten wird dieser Widerspruch an der »Patientenper-

Abb. 5: Tabelle Prozessanalyse – Inhalte

PROZESSE	Aufnahme	Diagnostik	Therapie	Entlassung	Nachsorge/ Selbstsorge
Ethische Perspektive	Vertrauen, Angst, Komplexität	Hilfe, Sorge, Unterstützung	Hoffnung, Bewältigung	Gewissheit	Normalität, Autonomie
Patientenperspektive	Information, Behandlungs– konzept, Kompetenz der Ärzte, Image Krankenhaus	Ablauf der Behandlung, pflegerische Versorgung	Therapieerfolg, Verträglichkeit, Entlassungszeitpunkt	*Heilung, Autonomie erlangt*	Gesundheit, Autonomie, Beeinträchtigung, Tod
DRG- Perspektive	Aufnahmediagnose, Sozialmedizinische Daten	Haupt- und Nebendiagnose	Prozeduren, Komplikationen, weitere Diagnose	Entlassungsdiagnose, Case-Mix, Erlöse	Rechtzeitige Verlegung, Vernetzung
QM- Perspektive	Input Einzugsgebiet, Qualität der Vorleistungen, Morbidität der Region	QM-Prozesse, Qualität des Personals, Organisation u.s.w.	Prozesszufriedenheit, Prozessqualität	Output, Fallzahl, zufriedene Patienten	Lebensqualität, Vernetzung u.s.w.
Ökonomische Perspektive	Image, Fallzahl, Zuweiser, Steuerung der Patienten u.s.w.	Auslastung, Anzahl der Patienten u.s.w.	Kosten, Ressourceneinsatz u.s.w.	*Effizienz, Gewinn, Budget, u.s.w.*	Vernetzung, Kundenbindung, Versorgung u.s.w.

spektive« und der »ökonomischen Perspektive« bei dem Prozessschritt der Entlassung. Mit der Entlassung verknüpft der Patient seine Heilung und den Anspruch, seine Autonomie wieder zu erlangen. Die ökonomische Perspektive definiert die Entlassung ganz anders: hier ist die Effizienz der DRG entscheidend, der Gewinn, den eine Fallpauschale bringt und ob das festgesetzte Budget eingehalten werden konnte. Prozessanalysen ermöglichen es, die unterschiedlichen Ziele darzustellen und zu verbinden.

6. Umsetzung von Prozessanalysen durch operative Planung

Aus den Ergebnissen der Prozessanalysen ergibt sich ein erhebliches Verbesserungspotenzial für die Ambulanzen. Das Projektteam und der Berater sind davon ausgegangen, dass die Verantwortlichen der Abteilung und der Direktionen Maßnahmen einleiten werden, um die Prozesse zu verbessern. Diese Annahme erwies sich jedoch als falsch. Die Ergebnisse wurden zwar zur Kenntnis genommen und über die Verbesserungsvorschläge bestand Konsens, aber die Umsetzung wurde nicht realisiert. Deswegen setzte sich das Projektteam erneut zusammen, um eine »Umsetzungsstrategie« zu entwickeln. Da ein breiter Konsens über die Richtigkeit der Prozessanalyse und der vorgeschlagenen Verbesserungsmaßnahmen bestand, konnte die mangelnde Umsetzung nur andere Gründe haben. Es erscheint deswegen plausibler, dass die Führungskräfte und Fachvorgesetzten zu wenig Erfahrung in der Umsetzungsbegleitung haben.

An dieser Stelle fehlt es an denjenigen Kompetenzen, die notwendig sind, um Umsetzungen auf den Abteilungen bei Widerständen unter Mitarbeiter/innen unter ökonomischen Gesichtspunkten und so weiter durchzusetzen. Im Studienplan der Ärzte finden sich keine entsprechenden Inhalte, die den Ärzten die notwendigen Kompetenzen vermitteln Umsetzungsmaßnahmen zu initiieren und erfolgreich zu begleiten. Auch während der Ausbildung der Pflegefachkräfte fehlen die erforderlichen Kompetenzen für die Umsetzung von organisatorischen Verbesserungsmaßnahmen. Es erscheint dem Projektteam deshalb allzu verständlich, dass die Fachvorgesetzten mit einem »Vermeidungsverhalten« reagieren und die Verbesserungsmaßnahmen nicht umsetzen. Das Projektteam hat aus diesem Grunde einen speziellen »operativen Plan« erstellt. Ziel dieses »operativen Planes« ist es, die einzelnen Schritte der Umsetzung aufzuzeigen, ein Coaching zur mentalen Unterstützung anzubieten und die Kennzahlen festzulegen, um die Evaluierung der Umsetzungsmaßnahmen sicher zu stellen. Auf der Grundlage einer vergleichsweise einfachen Personalkosten- und Betriebsmittelrechnung ergab sich durch die vorgeschlagenen Umsetzungsmaßnahmen ein Einsparpotenzial von 326.728,90 Euro jährlich; bei Investitionskosten von 19.315,00 Euro jährlich.

Beispiel: »Operativer Plan«
Freisetzung von Ressourcen (z.B. für das Case Management oder andere patientenorientierte Leistungen)

Abb. 6: Prozessanalyse – Ergebnisse

Umsetzungs-themen	Ziele	Verantwortliche	Beginn	Geplanter Abschluss	Coach	Kennzahlen
1. Schreibdienst	a) Qualität b) Produktivität	a) Pflegekoordination b) PDL	Nach Absprache: 15.06.04	15.07.04 Ablauf Pilot	Extern	a) Qualität b) Zeitgewinn c) Wartezeiten

Kosten	Nutzen	Hemmnisse	Evaluierung	Ergebnis
Schreibkraft halber Tag = 5x14,55 € = 72,75 € x 260 = 18.815,00 € jährlich	ca. 30 Prozent Zeitersparnis bei den Ärzten, dies entspricht zwei Stunden: 2 Std. x 80,55 € x ... 4 Ärzte = 644,40 €	Keine (während der Pilotphase) Was soll geschrieben werden?	nach Pilotphase	*Ersparnis Estimate jährlich* 644,40 € x 260 Arbeitstage = 167.544,00 €

In diesem Beispiel ist exemplarisch die Logik eines solchen »operativen Planes« dargestellt: Das Umsetzungsthema ergibt sich aus den Ergebnissen der Prozessanalysen. Es ist sinnvoll die Vielzahl möglicher Verbesserungen zu priorisieren, um eine Wertung zu erreichen und mit den wichtigsten Umsetzungsmaßnahmen zu beginnen. Die Ziele beschreiben den Gewinn für das Krankenhaus und haben Auswirkungen auf die Festlegung der Kennzahlen für die erfolgreiche Umsetzung (Stichwort: qualitative oder quantitative Erfolgsmessung).

Die Verantwortlichen: Es ist unbedingt notwendig, klare Verantwortlichkeiten herauszustellen. Das schafft Transparenz für die Mitarbeiter/innen und Eindeutigkeit für die Beauftragten.

Der Beginn: Bei einer Vielzahl von Umsetzungsmaßnahmen ist es wichtig, die einzelnen Projekte zu steuern, um die Organisation nicht mit Umsetzungsaktivitäten zu überlasten oder sogar zu gefährden. Es ist auch sinnvoll immer eine Pilotphase einzuplanen. Dieser Pilot signalisiert den Beteiligten, dass »nur« significante Ergebnisse umgesetzt werden und es auch möglich ist Umsetzungsmaßnahmen zurückzunehmen, falls sie nicht den gewünschten Erfolg bringen (können).

Der geplante Abschluss signalisiert, dass begrenzte Zeitressourcen für die Realisierung von Umsetzungsmaßnahmen zur Verfügung stehen und sollen die Beteiligten zur Zeitökonomie »zwingen«.

Der Coach unterstützt bei Bedarf die Führungskräfte und schafft neue Kompetenzen für die Durchsetzung von Umsetzungsmaßnahmen (z.B. Reaktion auf Widerstände bei Mitarbeiter/innen, Festlegen von Kennzahlen, Planung der Evaluierung, das Vermeidungsverhalten der Führungskräfte analysieren usw.).

Die Kennzahlen dienen der Erfolgsmessung (qualitativer und quantitativer Erfolg).

Die Kosten sind Orientierungshilfe für die Planung und Umsetzung, Prioritätensetzung usw.

Der Nutzen ist Orientierungshilfe bei Planung, Umsetzung, Prioritätensetzung usw.

Die Hemmnisse zeigen auf, welcher Gesprächs- und Informationsbedarf besteht und welche divergierenden Ziele berücksichtigt werden müssen (siehe auch das Thema »Prozessperspektiven«).

Die Evaluierung legt den Zeitpunkt der Erfolgsmessung fest und signalisiert den Umsetzungsbeteiligten, dass die Ziele innerhalb eine befristeten Zeitkorridors erreicht werden müssen (Zeit- und Ressourcenökonomie von Umsetzungsprojekten).

Das Ergebnis dient dem Berichtswesen und zeigt den Verantwortlichen und Führungskräften ob und in welchem Umfang die Umsetzungsmaßnahmen erreicht worden sind, wo nachgebessert werden muss und ob die Umsetzung optimal verlaufen ist.

Insgesamt hat die Projektleitung 11 »operative Pläne« erarbeitet, um die Ergebnisse der Prozessanalysen umsetzen zu können:

1. Implementierung eines Schreibdienstes (zur Stärkung der Kernaufgabe der Ärzte).
2. Pünktlicher Beginn der Ambulanz (zur Patientenorientierung, berufsübergreifenden Zusammenarbeit, Verbesserung der Personalplanung der Pflegefachkräfte, Image).
3. Beschränkung der Patientenvormerkungen (zur Patientenorientierung, Image).
4. Implementierung eines EDV–Programms für die Personaleinsatzplanung (zur Verbesserung der Schnittstellen).
5. Förderung der Leistungsträger (zur Patientenorientierung, Motivation der Mitarbeiter).
6. Einführung eines OP-Vormerkbuches auf den Ambulanzen (zur Patientenorientierung).
7. Organisatorische Auslagerung der Leistung »Aufnahmegespräch für OP« (Patientenorientierung, Verbesserung der Schnittstellen, Reduzierung der Wartezeiten).
8. Verbesserung der Raumbelegung (Kosten senken/Effizienz steigern).
9. Sozialraum einrichten (Verbesserung der berufsübergreifenden Zusammenarbeit, Mitarbeiterzufriedenheit und -motivation).

10. durchgängige Ambulanzzeiten (Patientenorientierung, Wartezeiten reduzieren, Mitarbeiterzufriedenheit, mehr Einnahmen für das Krankenhaus).
11. Einsatz von Hilfskräften (bessere Nutzung der Kernkompetenzen der Fachkräfte, Mitarbeiterzufriedenheit, Senkung der Personalkosten).

Das konkrete Beispiel aus dem Krankenhaus in Meran hat ergeben, dass die Prozessanalyse eine herausgehobene Managementmethode ist. Vor allem dient sie als Instrument interdisziplinärer und berufsübergreifender Zusammenarbeit, zur Umsetzung von Verbesserungsmaßnahmen und zur Erreichung qualitativer, ökonomischer und personalbezogener Ziele.

7. Zusammenfassung

Ohne die engagierte Mitarbeit aller Teilnehmer/innen wäre das Erfassen der Daten und die umfangreiche Projektarbeit innerhalb des geplanten Zeitraumes nicht möglich gewesen. In diesem Engagement kommt der ausdrückliche Wunsch nach einer Verbesserung der Prozessabläufe zum Ausdruck. Als Ergebnis können durch die angewandte Technik der Prozessanalyse folgende positive Aspekte benannt werden:
1. Durch die systematische Aufarbeitung der Ambulanzprozesse und ihrer Zuordnung zu den einzelnen Leistungsträgern werden die Probleme konkret benannt. Den Leistungsträgern wird dadurch erst bewusst welche, von wem und wie viele Leistungen erbracht werden. Die Prozessanalyse wirkt besonders auf die Leistungsträger motivierend, da ihre Leistungen für alle erkennbar visualisiert werden.
2. Die Prozessanalyse kann als Werkzeug in der Planung und Gestaltung von komplexen Abläufen eingesetzt werden. Voraussetzung ist aber, dass die einzelnen Mitarbeiter die Technik und ihre Aussagekraft beherrschen und die Führungskräfte die Ergebnisse akzeptieren und sie nicht als persönlichen Angriff interpretieren.
3. Die Probleme, die Berufsgruppen übergreifend dargestellt werden, werden teilweise während der Prozessanalyse gelöst bzw. Lösungsansätze eingeleitet. Durch die »operative Planung« der Umsetzungsmaßnahmen werden Erfolge rasch messbar.
4. Durch die Visualisierungsmöglichkeit der Prozessanalysen wird das bestehende Verbesserungspotential in Form von detaillierten Ergebnissen (z.B. Zusammenarbeit der Berufsgruppen/Patientenorientierung der Prozesse) klar aufgezeigt. Dadurch werden auch den Führungskräften der Direktionen und der Verwaltungsleitung die

Stärken/Schwächen der Prozessstruktur plastisch sichtbar. Die Beteiligung dieser Führungskräfte ist für die Umsetzung entscheidend, da auf dieser Ebene die Strategie der Krankenhäuser bestimmt und die notwendigen Ressourcen (Zeit, Geld) für die Umsetzung vergeben werden. Die IST-Analyse der untersuchten Einheiten zeigte, dass die Prozesse der Ambulanzen noch ein erhebliches Optimierungspotential besitzen. Besonders wurden Schwachstellen im planerisch-organisatorischen Bereich sowie im Terminbewusstsein der Mitarbeiter, vor allem der Ärzteschaft, aufgedeckt. Dabei wurde deutlich, dass in Funktionsbereichen mit hoher personeller Dichte selbst geringe Leerzeiten zu einem hohen Nutzenausfall führen. Die Verbesserung der Schnittstellen zwischen den Leistungserbringern im Krankenhaus (und der poststationären Versorgung) sind notwendig, um eine Verbesserung der Prozessleistungsparameter zu erreichen: Patienten- bzw. Kundenorientierung, Schnittstellenoptimierung, Verbesserung der interdisziplinären Zusammenarbeit, Verbesserung des Umgangs mit den Zeitressourcen der Mitarbeiter/innen, Kostenreduzierung und Qualitätssteigerung.

Planung, Umsetzung und Kontrolle der Prozessoptimierungen sind den Führungsaufgaben zuzurechnen und sollten von den Führungskräften vorgelebt werden. Erste Verbesserungsansätze durch Aufgabenzusammenfassung und Umstrukturierungen wurden begonnen und partiell umgesetzt (Polyambulanzen). Um aber eine ganzheitliche Prozessoptimierung zu erreichen ist die Zusammenarbeit von allen am Behandlungsprozess beteiligten Personen notwendig. Hierzu sollten unter Anregung der Krankenhausleitung Projektgruppen eingeführt werden, die durch Teamarbeit in gegenseitigem Vertrauen und gegenseitiger Wertschätzung gemeinsam Lösungen zur Prozessoptimierung suchen. Dabei sollten Fragen der Patientenzufriedenheit und der Wirtschaftlichkeit eine dominante Rolle einnehmen. Das Mitdenken der Mitarbeiter/innen bei der Erarbeitung von prozessorientierten Lösungsvorschlägen erhöht sowohl die Motivation als auch die Eigenverantwortlichkeit und gewährt dann eine effiziente Patientenversorgung. Vor allem vor dem Hintergrund weiterer Reformschritte im öffentlichen Gesundheitssystem müssen die Prozesse transparent und flexibel strukturiert sein, damit neue Denkweisen von allen akzeptiert und umgesetzt werden.

Literatur

Bourdieu, Pierre (1997). Verstehen. In: ders. et. al. Das Elend der Welt. Konstanz: Universitätsverlag. S. 779–882.
Graaf, Mulder van de, Rottenburg, Richard (1989). Feldbeobachtung in Unternehmen. Ethnographische Exploration in der eigenen Gesellschaft. In: Reiner Aster, Hans Merkens, Michael Repp (Hrsg.). Teilnehmende Beobachtung: Werkstattberichte und methodische Reflexionen. Frankfurt a. M.: Campus Verlag. S. 19–34.
Mühlbauer, Bernd (2004). Prozessorganisation im DRG-geführten Krankenhaus. Weinheim: Wiley-VCH Verlag.
Nehoda, Hans (2002). Ethik bei Führungskräften – ein Ost-West-Vergleich. Aachen: Shaker Verlag
Nehoda, Hans, Unterthiner, Rosa (unveröffentlicht). Verbesserung der Ablauforganisation auf der Polyambulanz eines Krankenhauses in Südtirol – Prozessanalyse, operativer Plan, Evaluierung. Meran.

Claus Bölicke

Selbstsorge und Selbstsorgedefizit im Rahmen der Pflegediagnostik mit dem Resident Assessment Instrument (RAI)

1. Einleitung

Der Pflegeprozess bildet in Orems Theorie den Rahmen von Pflegehandlungen. Auch das RAI folgt in seiner Struktur dem Pflegeprozess. Daher soll am Beispiel des Pflegeprozesses gezeigt werden, wie die Anwendung des RAI die Umsetzung von Orems Theorie in der Praxis unterstützen kann. Der folgende Beitrag erläutert daher zunächst die »Allgemeine Theorie der Pflege« von Dorothea Orem in ihren Grundzügen. Besondere Berücksichtigung erfahren dabei die Konzepte der Selbstsorge und des Selbstsorgedefizits sowie die Implikationen für die berufliche Pflege. Im Anschluss daran wird das Resident Assessment Instrument (RAI) vorgestellt sowie die Anwendung des RAI im Rahmen Orems allgemeiner Theorie der Pflege entlang des Pflegeprozesses beschrieben.

2. Die »Allgemeine Theorie der Pflege« von Dorothea Orem

Die persönliche Verantwortung des einzelnen für seine Gesundheit steht in Dorothea Orems »Allgemeiner Theorie der Pflege« im Mittelpunkt. Jeder Mensch ist nach Orems Theorie grundsätzlich motiviert für sich selbst zu sorgen, sein Leben, seine Gesundheit und sein Wohlbefinden zu erhalten. Mit seinen Handlungen hält der Mensch die Balance zwischen den Anforderungen für sich selbst zu sorgen und seinen entsprechenden Fähigkeiten aufrecht.

Zentrale Subkonzepte Orems »Allgemeiner Theorie der Pflege« sind die Selbstsorge und das Selbstsorgedefizit.

2.1 Theorie der Selbstsorge

Selbstsorge ist aktives Handeln im Sinne einer bewussten und reflektierten Ausübung von Tätigkeiten, die dem Erhalt von Leben und Gesundheit sowie der Förderung des Wohlbefindens dienen. Diese Handlungen sind erlernt und werden durch zahlreiche Faktoren beeinflusst, wie z.B. Alter, Reifung und Kultur. Orem beschreibt in ihrer Theorie drei Arten von Erfordernissen, die Selbstsorge veranlassen: allgemeine Selbstsorgeerfordernisse, entwicklungsbezogene Selbstsorgeerfordernisse und gesundheitsbezogene Selbstsorgeerfordernisse. Die *allgemeinen Selbstsorgeerfordernisse* stellen eine Notwendigkeit dar und müssen erfüllt werden. Sie umfassen die grundlegenden physischen, psychischen und spirituellen Bestandteile des Lebens. Um den Anforderungen an die Selbstsorgeerfordernisse gerecht zu werden, muss ein Individuum aktiv seine erlernten und dem gesellschaftlichen Kontext angemessenen Fähigkeiten einsetzen.

Acht allgemeine Selbstsorgeerfordernisse sind laut Orem allen Menschen gemeinsam:
1. die Aufrechterhaltung genügender Zufuhr von Luft (Sauerstoff)
2. die Aufrechterhaltung genügender Zufuhr von Flüssigkeit (Wasser)
3. die Aufrechterhaltung genügender Zufuhr von Nahrung
4. Vorkehrungen im Zusammenhang mit Ausscheidungsprozessen und Ausscheidungen
5. die Aufrechterhaltung eines Gleichgewichts zwischen Aktivität und Ruhe
6. die Aufrechterhaltung eines Gleichgewichts zwischen Alleinsein und sozialer Interaktion (zwischen Individuum und Gesellschaft)
7. die Prävention von Bedrohung für ein gesundes Funktionieren, Leben und Wohlbefinden
8. die Förderung des Lebens innerhalb sozialer Gruppen in Einklang mit den menschlichen Fähigkeiten, Einschränkungen und dem Wunsch nach Normalität

Die *entwicklungsbezogenen Selbstsorgeerfordernisse* sind dagegen nur im Zusammenhang mit besonderen Entwicklungsstadien von Bedeutung. Sie dienen der Schaffung und Aufrechterhaltung bestimmter Bedingungen bei der Unterstützung von Lebensprozessen und der Förderung menschlicher Entwicklung und Reifung. Die entwicklungsbezogene Selbstsorge verhindert, dass sich für die Entwicklung potenziell gefährliche Bedingungen nachteilig auswirken. Schon bestehende schädliche Auswirkungen werden durch sie abgeschwächt oder beseitigt. Entwicklungsbedingte Selbstsorgeerfordernisse sind nach Orem z.B.:

- das Schaffen bzw. Gewährleisten von Lebensbedingungen, die die menschliche Entwicklung in den unterschiedlichen Lebensphasen fördern,
- die Vermeidung von negativen Auswirkungen bei körperlichen oder geistigen Behinderungen, bei Verlust von Verwandten, Freunden oder Bekannten, schlechtem Gesundheitszustand oder unheilbarer Krankheit und nahe stehendem Tod.

Die *gesundheitsbezogenen Selbstsorgeerfordernisse* stehen in Bezug zu Gesundheitsabweichungen, d.h. Krankheit, Verletzung oder Behinderung und werden von Orem in sechs Kategorien unterschieden:
1. Die Suche, Sicherstellung und Inanspruchnahme von professioneller Hilfe bei bestehenden oder zu erwartenden Gesundheitsstörungen.
2. Sich informieren und Einblick gewinnen in die betreffende Störung und sich über Wirkung und Folgen bewusst werden.
3. Wirksame und effektive Durchführung bzw. Mitarbeit an den vorgeschriebenen Maßnahmen zu Diagnose, Therapie und Genesung.
4. Bewusstmachung der möglichen Unannehmlichkeiten, Beschwerden oder Nebenwirkungen durch die vorgeschriebenen Maßnahmen und Reaktion darauf.
5. Anpassung des Selbstbildes an die Gesundheitsstörungen und die damit zusammenhängenden Therapien sowie die Akzeptanz der Krankheit und dem Bedürfnis nach gesundheitlicher Hilfestellung.
6. Mit den Folgen der Erkrankung und den damit verbundenen diagnostischen und therapeutischen Maßnahmen leben zu lernen und sich dadurch persönlich weiterzuentwickeln und zu reifen.

2.2 Theorie des Selbstsorgedefizits

Im Mittelpunkt dieser Theorie stehen die Selbstsorgefähigkeit und das Selbstsorgedefizit. Unter Selbstsorgefähigkeit versteht Orem die Kompetenz oder Fähigkeit eines Individuums, erkannte Selbstsorgebedürfnisse tatsächlich erfüllen zu können. Zur Selbstsorgefähigkeit gehören Kompetenzen und Fähigkeiten, wie z.B.:
- das Interesse und die Aufmerksamkeit an den inneren und äußeren, den Prozess der Selbstsorge, steuernden Faktoren,
- die Mobilisierung aller zur Verfügung stehenden Energien für die Durchführung der Selbstsorge,
- die Kenntnis der Gründe für die Selbstsorge,
- die Motivierung zur Selbstsorge,
- Entscheidungen hinsichtlich der Selbstpflege treffen zu können oder
- Wissen hinsichtlich der Selbstsorge erwerben zu können.

Besteht nun eine Diskrepanz zwischen erforderlicher Selbstsorge und den Selbstsorgefähigkeiten, entsteht laut Orems Theorie ein *Selbstsorgedefizit*. Ein Individuum ist in diesem Fall nicht oder nur unvollständig in der Lage für seine Gesundheit selbst zu sorgen, d.h. die Fähigkeiten zur Feststellung oder zur Durchführung erforderlicher Selbstpflege reichen nicht aus.

2.3 Aspekte der Pflege

Kann ein Mensch (einschließlich seiner Angehörigen) den Anforderungen für sich zu sorgen nicht mehr nachkommen, entsteht ein Bedarf nach professioneller Hilfe. Pflegerisches Handeln einer Fachperson ersetzt dann ganz oder teilweise die mangelnden Fähigkeiten bzw. ergänzt und unterstützt die Person, bis diese ihre Gesundheit so weit wie möglich wieder erlangt hat oder mit einer bleibenden Beeinträchtigung umzugehen lernt. Bei der Zielsetzung und Planung der professionellen Pflege wird von den Selbstsorgefähigkeiten und Selbstsorgedefiziten ausgegangen. Der mögliche Grad der Erhaltung oder Wiederherstellung der Selbstsorgefähigkeit wird bestimmt und entsprechende Maßnahmen werden geplant. All dies geschieht so weit wie möglich gemeinsam mit dem Klienten. Das Ziel der Pflege ist es, den Menschen zu helfen ihren eigenen Selbstsorgebedarf zu erfüllen. Im Mittelpunkt steht daher die kontinuierliche, therapeutische Betreuung. Die Aufgaben der Pflegenden umfassen dabei folgende drei Komponenten:
- dem Klienten helfen Selbstsorge auszuüben,
- dem Klienten helfen ihre Selbstsorgehandlungskompetenz weiterzuentwickeln, damit er Unabhängigkeit gewinnt und sich an Schwankungen in der Selbstsorgekompetenz effektiver anpassen kann,
- den Angehörigen oder anderen Bezugspersonen bei der Betreuung des Klienten helfen und deren Kompetenz zur Hilfe so weiterzuentwickeln, dass sie mit fachkundiger, pflegerischer Unterstützung und Beratung die Versorgung übernehmen können.

Um diesen Aufgaben gerecht werden zu können, müssen Pflegepersonen über ein spezialisiertes Wissen, besondere Fähigkeiten und Pflegekompetenz sowie technische, zwischenmenschliche und soziale Kompetenz verfügen, die sie in ihrer Ausbildung erlernen. Sechs Komponenten sind laut Orem besonders wichtig für die Pflegenden:
- die Wahrnehmung des Klienten von der eigenen gesundheitlichen Situation,
- die Wahrnehmung des Arztes von der gesundheitlichen Situation,
- der gesundheitliche Zustand des Klienten,

- die vom Klienten angestrebten gesundheitlichen Ziele,
- der Selbstsorgebedarf, bestimmt durch die Selbstsorgeerfordernisse und
- die gegenwärtigen Einschränkungen der Selbstsorgekompetenz.

Die praktische Gestaltung der Pflege erfolgt analog des Pflegeprozesses. Dieser ist nach Orem der Vorgang, bei dem Pflegefachpersonen zwischenmenschliche und soziale sowie technisch-professionelle Handlungen vornehmen. Während der zwischenmenschlich-soziale Bereich (der Aufbau von Beziehungen etc.) kontinuierlich andauert, lassen sich die technisch-professionellen Handlungen in folgende Phasen unterteilen:

Pflegediagnose (Assessment):
Dieser Abschnitt des Pflegeprozesses nach Orem beinhaltet die Informationssammlung (Pflegeanamnese) über die Selbstsorgefähigkeiten

Abb.1: Der Pflegeprozess (nach Orem)

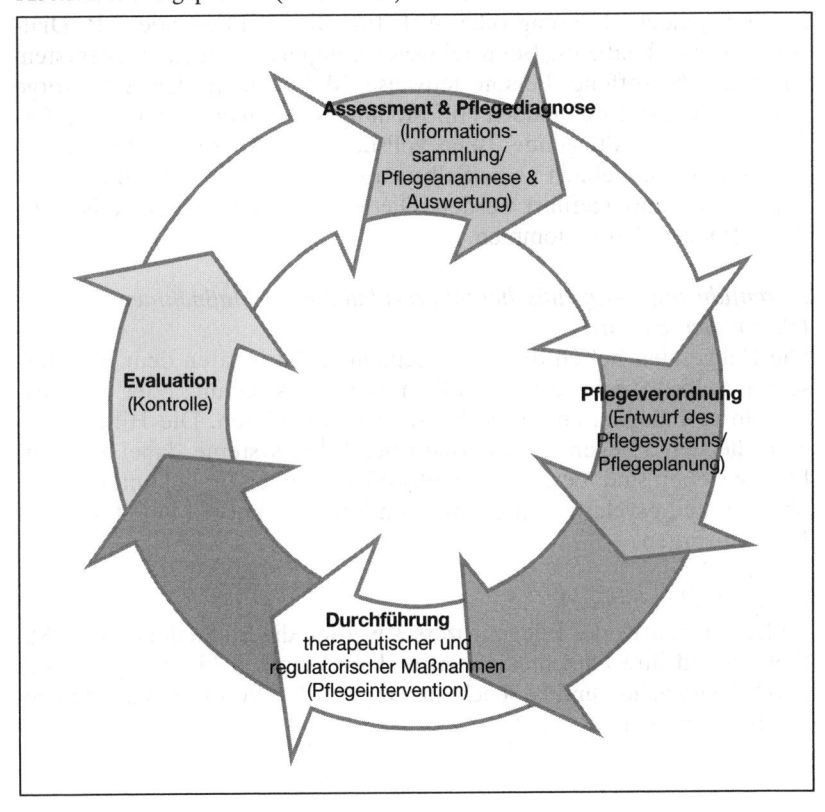

und den Selbstsorgebedarf. Dazu werden anhand der Selbstsorgeerfordnisse gegenwärtiger und zukünftiger Selbstsorgebedarf ermittelt und auf das Vorhandensein möglicher Probleme untersucht. Aufgrund dieser Informationen wird schließlich das Selbstsorgedefizit bestimmt. Diese Schlussfolgerungen werden durch Besprechen mit dem Klienten, durch Beobachtung u.Ä. verifiziert. Anschließend wird noch geprüft, inwieweit der Klient über Wissen, Kompetenz und Motivation verfügt, den Selbstsorgeerfordernissen gerecht zu werden.

Pflegeverordnung (Pflegeplanung):
Nach der Diagnosestellung gehen die Pflegenden zur verordnenden Handlung über. Dabei werden zu den Selbstsorgedefiziten spezielle Ziele und Maßnahmen formuliert sowie die entsprechenden Pflegesysteme entworfen. Pflegesysteme beschreiben die Art und Weise wie Pflegende tätig werden und welchen Anteil der Patient bzw. die Pflegeperson bei der Pflege übernimmt. Beim anleitenden Pflegesystem kann die betroffene Person alle Maßnahmen der Selbstsorge durchführen. Sie benötigt jedoch Beratung oder Anleitung durch Pflegende, z.B. Diätberatung bei Diabetes. Beim teilweise kompensierenden Pflegesystem kann die betroffene Person teilweise Maßnahmen der Selbstsorge durchführen, benötigt jedoch Hilfestellung bei einigen Selbstsorgeerfordernissen durch Pflegende. Beim vollständig kompensierenden Pflegesystem kann schließlich keine Selbstsorgemaßnahmen durch die betroffene Person durchgeführt werden. Die Maßnahmen werden vollständig durch Pflegende übernommen.

Durchführung therapeutischer und regulatorischer Maßnahmen (Pflegeintervention):
Die Pflegenden helfen durch die geplanten Aktivitäten dem Klienten, seinen Selbstsorgebedarf zu erfüllen und die Ausübung oder Entwicklung ihrer Fähigkeiten zur Selbstsorge zu regulieren. Die Hilfemethoden, die den Pflegenden innerhalb der Pflegesysteme dabei zur Verfügung stehen sind: beraten und informieren, anleiten und unterrichten, physisch und psychisch unterstützen und für eine entwicklungsfördernde Umwelt sorgen.

Kontrolle (Evaluation):
Im letzten Schritt des Pflegeprozesses werden die Maßnahmen und Aktivitäten auf ihre Angemessenheit und Wirksamkeit hin überprüft, z.B. durch überwachen und beobachten. Ggf. werden Verordnungen, Pflegesysteme usw. neu bestimmt.

3. Resident Assessment Instrument (RAI)

Das RAI wurde bereits zu Beginn der 80er Jahre in den USA von Experten aus der Pflege, der Medizin und den Sozialwissenschaften für Pflegeheime entwickelt. Das ursprüngliche RAI für stationäre Pflegeeinrichtungen (NH: Nursing Homes) wurde im Laufe der Jahre auf andere Bereiche übertragen. Inzwischen wurden daraus weitere Instrumente u.a. für die Akut-Geriatrie, die Rehabilitation, die ambulante Pflege und die Psychiatrie abgeleitet. In rund 16 Ländern der Erde wird mittlerweile mit dem RAI gearbeitet. In den deutschsprachigen Ländern der Pflege für die stationäre Langzeitpflege das RAI NH 2.0 und für die ambulante Pflege das RAI HC 2.0 (HC: Home Care) zur Verfügung. Die folgenden Ausführungen beziehen sich auf das RAI HC 2.0, wobei die Grundprinzipien des Aufbaus und der Funktionsweise bei allen RAI-Varianten identisch sind.

3.1 Ziele des RAI

Das RAI ist ein Instrument zur Messung und Verbesserung der Pflege älterer Menschen. Der Erhalt bzw. die Förderung der Lebensqualität sowie die »Funktionsfähigkeit«, z.B. im Bereich der Lebensaktivitäten, stehen beim RAI im Vordergrund. Dazu soll mit dem RAI ein Instrument konstruiert werde, das eine solide Datenbasis für die Pflegeplanung schafft. Dabei ging man von folgenden Prämissen aus:
- Menschen sollen regelmäßig (periodisch) untersucht werden.
- Vorausschauende, geplante Pflege ist besser als ungeplante Pflege.
- Ursachenorientierte Pflegeplanung ist besser als symptomorientierte Pflegeplanung.

Erst in weiteren Schritten wurden Elemente der Qualitätssicherung und der Ressourcenallokation auf der Datenbasis des RAI hinzugefügt. Im Rahmen der Qualitätssicherung fördert das RAI die Qualifizierung der Mitarbeiter/innen, das systematische Arbeiten, die vorausschauende Gestaltung des Pflegeprozesses und die Überprüfung der (Pflege-)Ergebnisse. Zur Ressourcenallokation wird ein Bewohnerklassifikationssystem hinzugezogen. Mit Hilfe der RUGs (Resource Utilization Groups = Pflegeaufwandgruppen) lassen sich die Bewohner in Gruppen mit ähnlichem Pflegeaufwand einteilen, was z.B. der Steuerung des Personaleinsatzes dient. Die RUGs können aber auch zu Verwaltungs- und Abrechnungszwecken eingesetzt werden.

3.2 Das RAI-System

Das RAI besteht aus einem Handbuch mit den Bausteinen:
- Minimum Data Sets (MDS),
- Alarmzeichen und
- Abklärungshilfen,

die jeweils erläutert und mit Beispielen erklärt werden.

Das *Minimum Data Set* (MDS) bildet das Kernstück des RAI. Es besteht aus Merkmalen (Items), die beim Klienten strukturiert beobachtet oder erfragt werden. Auf diese Weise werden ca. 250 Informationen gesammelt, welche das Minimum an Information darstellen, die für eine umfassende Beurteilung als notwendig angesehen werden. Das MDS systematisiert damit die erste Phase im Pflegeprozess. Beobachtet werden nur tatsächliche Zustände und Verhaltensweisen, meist bezogen auf die letzten drei bzw. sieben Tage (in einigen Fällen auch über längere Zeiträume). Die Informationserhebung erfolgt, unter der Verantwortung der Pflege für die Koordination und Dokumentation, im Rahmen eines interdisziplinären Prozesses zwischen allen an der Pflege und Behandlung beteiligten Personen. Dadurch entsteht ein gemeinsames und objektives Bild des jeweiligen Klienten. Die Gesamtbeurteilung erfolgt anhand folgender Bereiche:

Abb. 2: MDS-Bereiche

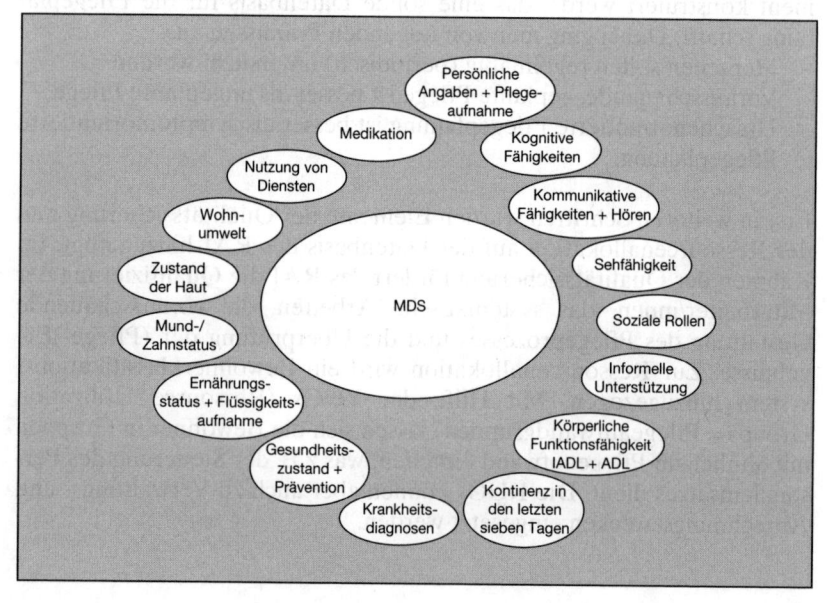

MDS-Bereiche:
- Persönliche Angaben + Pflegeaufnahme
- Medikation
- Nutzung von Diensten
- Wohnumwelt
- Zustand der Haut
- Mund-/Zahnstatus
- Ernährungsstatus + Flüssigkeitsaufnahme
- Gesundheitszustand + Prävention
- Krankheitsdiagnosen
- Kognitive Fähigkeiten
- Kommunikative Fähigkeiten + Hören
- Sehfähigkeit
- Soziale Rollen
- Informelle Unterstützung
- Körperliche Funktionsfähigkeit IADL + ADL
- Kontinenz in den letzten sieben Tagen

Diese Bereiche sind in weitere Unterpunkte gegliedert, anhand derer die Einschätzung durchgeführt wird. Dazu müssen spezielle Fragen beantwortet werden. Hier ein Beispiel aus dem Bereich der körperlichen Funktionsfähigkeit bei instrumentellen (IADL) und universellen (ADL) Verrichtungen.

Nachdem Fähigkeiten und Schwierigkeitsgrade in den einzelnen IADL/ADL eingeschätzt wurden, wird im Anschluss das Potenzial für diesen Bereich eingeschätzt. Folgende Fragen werden dabei gestellt:
- Klientin glaubt, dass sie ihre Fähigkeiten verbessern könnte (ADL, IADL, Bewegung),
- Angehörige/Helfer glauben, dass die Klientin ihre Fähigkeiten verbessern könnte,
- gute Aussicht auf Besserung der derzeitigen Gesundheit und Funktionsfähigkeit,
- Nichts zutreffend.

Da das RAI ein strukturiertes und standardisiertes Instrument ist, werden im Handbuch die einzelnen MDS-Bereiche genauestens erläutert sowie Anleitung und Hilfestellungen bei der Beantwortung der Fragen und deren Kodierung gegeben. In Beispielen werden Möglichkeiten der Beantwortung und Verschlüsselung (Kodierung) gezeigt. Wurden die Fragen des MDS durch entsprechendes kodieren beantwortet, erfolgt die Auswertung der gewonnenen Informationen.

Dabei wird nicht, wie in anderen Instrumenten, ein Gesamtpunktestand o. ä. ermittelt. Vielmehr identifizieren bestimmte Kombinationen von MDS-Merkmalen das Vorhandensein von geriatrischen Problemen als *Alarmzeichen*, die in der im Rahmen Pflegeplanung in der zweiten Phase des Pflegeprozesses angegangen werden sollen. Die Alarmzeichen ergeben sich aus bestimmten Antworten des MDS und werden mit Hilfe einer Risikoerkennungstafel des Handbuchs ermittelt.

Beispielhaft sind hier die Alarmzeichen im Zusammenhang mit der Ernährung wiedergegeben:
- unbeabsichtigter Gewichtsverlust von 5 Prozent oder mehr in den letzten 30 Tagen oder von 10 Prozent und mehr in den letzten 180 Tagen,
- Verringerung der gegessenen Menge,
- unzureichende Aufnahme von Flüssigkeit,
- Krebs,
- schwere Unternährung.

Für die ermittelten Problembereiche werden schließlich die Abklärungshilfen (Resident Assessment Protocolls, RAP) angeboten. Durch die Bearbeitung der Abklärungshilfen werden die Pflegenden bei der

Ursachenidentifikation des Problems unterstützt. Es werden Hinweise für die Pflegeplanung hinsichtlich der Ziele und Interventionen gegeben. Die Abklärungshilfen sind daher auch ein fundiertes Nachschlagewerk, das der Schulung von Mitarbeiter/innen zu geriatrischen Problemen in der Pflege dient. Die Abklärungshilfen bestehen aus einer Problembeschreibung, einem Kommentar zu den jeweiligen Alarmzeichen und Richtlinien zur detaillierten Abklärung des Problems (z.B. in Form von möglichen Ursachen, Risikofaktoren und eventuellen Verknüpfungen

Tabelle 1: Abklärungshilfen des RAI HC 2.0

Körperliche Funktionsfähigkeit und Unabhängigkeit	• Rehabilitationspotenzial/ADL • Alltagsbewältigung/IADL • Gesundheitsförderung • Institutionalisierungsrisiko
Sensorische Funktionsfähigkeit	• Kommunikative Fähigkeiten • Sehfähigkeit
Geistige und psychische Gesundheit	• Alkoholmissbrauch • Kognitive Fähigkeiten • Verhalten • Depression und Ängstlichkeit • Vernachlässigung/Misshandlung • Soziale Funktion
Gesundheitsprobleme	• Herz und Atmung • Dehydratation • Stürze • Ernährung • Mundgesundheit • Schmerzen • Druckgeschwüre • Haut und Füße
Gesundheitsversorgung und soziale Unterstützung	• Zusammenarbeit mit dem professionellen Helfersystem • Zerbrechlichkeit des sozialen Netzes • Management der Medikation • Palliative Versorgung • Medizinische Prävention: Impfung und Screening • Psychopharmaka • Unabhängigkeit von organisierten Diensten und Angeboten • Umwelt
Kontinenz	• Darmkontrolle • Blasenkontrolle

zu anderen Problemen). Die Abklärungshilfen sollen die eigenständige Analyse und Beurteilung der Pflegenden nicht ersetzen, sondern sie sinnvoll und fundiert unterstützen.

4. Anwendung des RAI im Rahmen Orems »Allgemeiner Theorie der Pflege«

Orem beschreibt in ihrer »Allgemeinen Theorie der Pflege« den Pflegeprozess als Handlungsrahmen für pflegerische Interventionen. Da auch das RAI dem Pflegeprozess folgt, soll im Folgenden anhand der vier Schritte des Pflegeprozesses nach Orem gezeigt werden, wie die Anwendung des RAI hier jeweils unterstützend wirkt.

4.1 Pflegediagnose

Im ersten Schritt des Pflegeprozesses strukturiert das RAI die Informationssammlung. Das MDS erfasst dabei die Fähigkeiten und tatsächlichen Tätigkeiten des Klienten, die allen acht Kategorien von Orems allgemeinen Selbstsorgeerfordernissen zugeordnet werden können. Da das MDS jedoch nicht analog den Selbstsorgeerfordernissen aufgebaut ist, gibt es Überschneidungen bei der Zuordnung. Darüber hinaus erfasst das MDS auch weitere Informationen, die nicht eindeutig einer Kategorie der Oremschen allgemeinen Selbstsorgeerfordernissen zugeordnet werden können (z.B. Hören und Sehen).

Fähigkeiten und Tätigkeiten auf entwicklungsbezogene Selbstsorgeerfordernisse werden mit dem MDS ebenso erfasst. Da es sich jedoch um ein geriatrisch-gerontologisches Instrument handelt, werden hier nur das Alter betreffende Faktoren berücksichtigt. Darunter fallen z.B. der Verlust von Gesundheit und Fähigkeiten (MDS: kognitive Fähigkeiten, Stimmungslage und Verhalten, Gesundheitszustand und Prävention, IADL/ADL) sowie die Veränderung sozialer Aktivitäten und Rollen (MDS: Soziale Rollen).

In den MDS-Bereichen kognitive Fähigkeiten, Hören, Sehen, Stimmungslage und Verhalten, soziale Rollen u.a. werden darüber hinaus auch Fähigkeiten und Tätigkeiten gesundheitsbezogener Selbstsorgeerfordernisse erfasst. Komplementiert werden diese Informationen durch die Bereiche medizinische Diagnosen, Medikation, informelle Hilfen, Wohnumwelt und Nutzung von Diensten.

Mit Hilfe der Risikoerkennungstafel und den Alarmzeichen steht ein Instrument zur systematischen Auswertung und Analyse zur Ver-

Tabelle 2: Allgemeine Selbstsorgeerfordernisse im MDS

Allgemeines Selbstsorgeerfordernis	MDS-Bereiche
die Aufrechterhaltung genügender Zufuhr von Luft	Gesundheitszustand und Prävention
die Aufrechterhaltung genügender Zufuhr von Flüssigkeit	Ernährungsstatus und Flüssigkeitsaufnahme, IADL/ADL
die Aufrechterhaltung genügender Zufuhr von Nahrung	Ernährungsstatus und Flüssigkeitsaufnahme, IADL/ADL
Vorkehrungen im Zusammenhang mit Ausscheidungsprozessen und Ausscheidungen	Gesundheitszustand und Prävention, IADL/ADL, Kontinenz in den letzten sieben Tagen
die Aufrechterhaltung eines Gleichgewichts zwischen Aktivität und Ruhe	Kognitive Fähigkeiten, Stimmungslage und Verhalten, Gesundheitszustand und Prävention, IADL/ADL
die Aufrechterhaltung eines Gleichgewichts zwischen Alleinsein und sozialer Interaktion	Soziale Rollen, Kognitive Fähigkeiten, Gesundheitszustand und Prävention, IADL/ADL
die Prävention von Bedrohung für ein gesundes Funktionieren, Leben und Wohlbefinden	Kognitive Fähigkeiten, Stimmungslage und Verhalten, Gesundheitszustand und Prävention, IADL/ADL, Soziale Rollen
die Förderung des Lebens innerhalb sozialer Gruppen in Einklang mit den menschlichen Fähigkeiten, Einschränkungen und dem Wunsch nach Normalität.	Stimmungslage und Verhalten, Soziale Rollen

fügung, das sowohl Ressourcen im Sinne von Selbstsorgefähigkeiten als auch Probleme im Sinne von Selbstsorgedefiziten erfasst. In den Abklärungshilfen sind ferner zu möglichen Pflegeproblemen (auch als Selbstsorgedefizite beschreibbar) Richtlinien zur detaillierten Abklärung eines Problems in Form von Ursachen, Risikofaktoren und möglichen Verknüpfungen zu anderen Problembereichen gegeben, die die Diagnostik eines Selbstsorgedefizits validieren helfen können.

4.2 Pflegeverordnung

In dieser Phase des Pflegeprozesses werden individuelle, klientenbezogene Pflegeziele vereinbart. Es wird das Pflegesystem (unterstützend/ anleitend, teil- bzw. vollkompensatorisch) festgelegt sowie alle zur Zielerreichung notwendigen Interventionen im Sinne der Pflegeplanung.

Die Abklärungshilfen des RAI geben für die Erstellung der Pflegeplanung Hinweise zu möglichen Zielen und Interventionen (siehe Tab. 3).

4.3 Durchführung therapeutischer und regulatorischer Maßnahmen

In diesem Schritt des Pflegeprozesses geht es um die Durchführung der geplanten Maßnahmen und die Beobachtung der Reaktion des Klienten darauf. Das RAI enthält keinen Baustein, der diese Phase speziell unterstützt. Die Anwendung des MDS und die Benutzung des Handbuchs schulen jedoch die Beobachtungsgabe und die Dokumentationsfähigkeiten der Pflegenden und unterstützen diese Prozessphase damit indirekt.

4.4 Kontrolle

Als Instrument zur Qualitätsmessung unterstützt das RAI die letzten Phase des Pflegeprozesses die Kontrolle oder Evaluation. Das RAI dient dabei als Grundlage zur Prüfung der Ergebnisqualität. Gemessen wird der Zustand des Klienten durch periodische Wiederholung des Assessments. Statusveränderungen des Klienten werden dokumentiert und lassen Rückschlüsse auf die Zielerreichung und damit den Erfolg der Pflegeverordnungen zu. Im Wiederholungsassessment werden erneut Alarmzeichen generiert und die Abklärungshilfen können zur Überprüfung der Ziele und Verordnungen heran gezogen werden.

5. Zusammenfassung und Fazit

Das RAI ist neutral konzipiert worden, in dem Sinne, dass es nicht auf einem bestimmten Pflegemodell bzw. einer Pflegetheorie basiert. Das RAI ist auch selbst nicht als theoretischer Rahmen für die Pflege gedacht. Insofern kann sein Nutzen für die Theorieentwicklung in der Pflege nur begrenzt sein. Jedoch erscheint die Anwendung des RAI in einem (Pflege-) theoretischen Rahmen machbar und sinnvoll, denn das RAI ist, wie die Mehrzahl der klassischen Pflegetheorien, am Pflegeprozessmodell orientiert. Es lässt es sich daher für die praktische Umsetzung solcher Theorien gut nutzen. Wie hier am Beispiel Orems »Allgemeiner Theorie der Pflege« gezeigt wurde, ist dabei auch eine begriffliche Anpassung an die Terminologie der entsprechenden Theorie möglich.

Bei der Umsetzung von Pflegetheorien, die wie bei Orem, auf die Erkennung fehlender Kompetenzen und Fähigkeiten zur Begründung professioneller Pflege abzielen, kann dazu das RAI als valides und reliables Assessmentinstrument genutzt werden. Die Ergebnisse können dann zusammen mit dem Klienten in die Planung von Zielen und Pflegeinterventionen (Pflegeverordnung) überführt werden. Das RAI unterstützt Pflegende dabei in ihrer Fachlichkeit, d.h. speziell
- im systematischen und strukturierten Arbeiten,
- in der Klientenbeobachtung und der Beurteilung von Selbstsorgefähigkeiten und -tätigkeiten,
- in der Diagnose von Selbstsorgedefiziten,
- in der Planung von angemessenen Pflegezielen und Maßnahmen, sowie
- in der Evaluation der Pflege.

Literatur

Arets, J. et al. (2000). Professionelle Pflege. Bd. 1. Theoretische und praktische Grundlagen. 3. Auflage. Bern u.a.: Huber.

Behrens, J., Zimmermann, M. (2006). Das Bedürfnis nach Selbstbestimmung bei Pflegebedürftigkeit. Zeitschrift für Gerontologie und Geriatrie, 39 (3). 165–172.

Bölicke, C. (2001). Klientenorientierte Qualitätsmessung. Pflege Aktuell, 55 (9). 482–484.

Botschafter, P., Moers, M. (1991). Dorothea E. Orem – Die Selbstfürsorge-Defizit-Konzeption der Pflege. Pflegemodelle in der Praxis. 8. Folge. Die Schwester/Der Pfleger, 30 (8). 701–707.

Brauer, B., Susdorf, B., Duwe-Wähler, B. (2002). Pflegeplanung nach der Selbstpflege-Defizit-Theorie: praktische Umsetzung des Pflegemodells nach Orem anhand eines Fallbeispiels. Die Schwester/Der Pfleger, 41 (6). 484–489.

Dennis, Connie M. (2001). Dorothea Orem – Selbstpflege- und Selbstpflegedefizit-Theorie. Bern u.a.: Huber.

Garms-Homolová, V., Gilgen, R. (Hg.) (1999). Resident Assessment Instrument (RAI 2.0). System zur Klientenbeurteilung und Dokumentation. Bern: Huber.

Garms-Homolová, V. (Hg.) (1999). Assessment für die häusliche Versorgung. Resident Assessment Instrument – Home Care (RAI HC 2.0). Bern: Huber.

Orem, D. E. (1997). Strukturkonzepte der Pflegepraxis. Berlin/Wiesbaden: Ullstein Mosby.

Orem, D. E. (1997). Eine Theorie der Pflegepraxis. In: Schaeffer, D. et al. Pflegetheorien. Bern u.a.: Huber. 85–97.

Stähling, E. (1998). Die Selbstfürsorge-Defizit-Theorie von Dorothea Orem. Pflegen Ambulant, 9 (3). 46–48.

Jörg Schulz

Die Notwendigkeit der rehabilitativen Pflege – Versuch eines Beitrages zur Überwindung des Kompetenzstreites zwischen Rehabilitationsfachkräften und Pflegenden

1. Einleitung

Bei Hermann Lang heißt es:

> »Krankheit macht schlagartig deutlich, beispielsweise durch einen Herzinfarkt, daß dieser Leib, ohne den ich nicht wäre, auch eine andere Geschichte, die unterirdische Geschichte des Stresses schrieb, um die mein fit und omnipotent sich wähnendes Ich nicht wußte. Krankheit ist deshalb ein ›zutiefst irritierendes Moment‹ (Rittner, 1982), das meine Identität in Frage stellt, sofern es mit der Gebrechlichkeit und Hinfälligkeit meiner leibhaften Existenz konfrontiert. Es gilt deshalb, dieser basalen Verunsicherung Herr zu werden. Das kann dadurch geschehen, daß dieser unverfügbare Leib zum Körper instrumentalisiert wird, zu einem Ensemble von Organen, und d.h. zu Werkzeugen. Die Krankheit wird auf diese Weise zu einer Angelegenheit des bloßen Körpers mit einer biologischen bzw. physiko-chemischen Eigengesetzlichkeit, sie wird zur Werkzeugstörung. Diesem naturwissenschaftlich-apersonalen Ansatz verdankt die moderne Medizin ihren Siegeszug.« (Lang 1996, S. 134)

Teils bereits parallel zu den medizinischen Abläufen wie auch nach deren Abschluss bedarf es pflegerischer und rehabilitativer Tätigkeiten, um die behandelte Person wieder genesen zu lassen. Setzt nun aber die naturwissenschaftliche Medizin diesen Siegeszug in einem bestimmten Falle nicht mehr fort, hat also keine Möglichkeiten mehr zur vollständigen Heilung, ist es für den betroffenen Menschen notwendig, eine neue Identität zu finden, aber dabei auch Teile der alten Identität zu erhalten. Jedoch, und dieser Fakt wird bis heute häufig unterschätzt, selbst in der noch hoffnungsfrohen Phase der Anwendung naturwissenschaftlicher Heilmethoden und einer nur geringen Wahrscheinlichkeit von Pflegebedürftigkeit, wirkt eine Reduktion auf Organmedizin oft negativ. Dabei sollte doch das Reduzieren auf (zunächst) bloße Ursachenbeseitigung z.B. akuter Schmerzen nur in der Notfallmedizin ablaufen, hier allerdings mit vollem Recht. In den anderen Bereichen medizinischer Praxis und darüber hinaus, vor allem beim Auftreten von Einschränkungen im Vergleich zur Ausgangssituation, bedarf es demgegenüber der Unterstützung der jeweiligen biopsychosozialen Prozesse durch Personal mit sowohl pflegerischen als auch rehabilitativen Kompetenzen. Bereits hier zeigt sich die Notwendigkeit »reibungsarmer« Übergänge zwischen den Tätigkeiten der einzelnen Berufsgruppen zum Vorteil der ihnen anvertrauten Klientel. Bislang werden derartige transdisziplinäre Komponenten noch ungenügend in die Leistungsermittlung einbezogen. Hier dominiert bisher meist die klassische Ermittlung der Differenz zwischen dem Qualifikationsniveau von Personen, welche eine bestimmte Stelle innehaben, und der geforderten Qualifikation eines Arbeitsplatzes im Sinne eines Soll-Ist-Vergleiches von Fähigkeiten und Anforderungen, wobei die erwünschten Soll-Werte unter anderem auf Gesetzen (= gesellschaftlichen Normvorgaben) und dem zu bewältigenden Aufgabengefüge bzw. erwarteten Fähigkeiten (= leistungsbezogenen Normvorgaben) beruhen können (vgl. Gassner 1980).

Insofern aktuell aber die Komplexität in den verschiedenen Pflegebereichen drastisch zunimmt, Veränderungen an der Tagesordnung sind und diese Entwicklung sich weiter verstärkt, ist es notwendig, multifaktoriell entstandenen Problemen multidisziplinär oder gar interdisziplinär zu begegnen und dabei weitest möglich individuumszentriert vorzugehen[1]. Da diese Ziele nur bei einer optimalen Gestaltung der Zusammenarbeit aller beteiligten Berufsgruppen zu verwirklichen sind,

---

1 Aldous Huxley beschrieb die Verschiedenheit menschlicher Individuen auf anschauliche Weise, wodurch der hohe Anspruch an das Pflege- und Rehabilitationspersonal unschwer transparent gemacht werden kann: »In ›Himmel und Hölle‹ bedient sich *Huxley* geographischer und zoologischer Metaphern, um die Andersartigkeit ›entlegener psychologischer Kontinente‹ zu beschreiben: ›Ein Mensch besteht aus dem, was ich die Alte Welt persönlichen Bewußtseins nennen möchte, und, jenseits eines trennenden Ozeans, aus einer Reihe von neuen Welten ... des persönlichen Unbewußten und der vegetativen Seele; ... jenseits eines zweiten, gewaltigeren Weltmeers, des Alltagsbewußtseins, sind die Gegensätze angesiedelt, liegt die Welt visionären Erlebens ... geht man zu den Antipoden der bewußten Psyche, stößt man auf allerlei Arten von mindestens ebenso wunderlichen Geschöpfen wie Känguruhs ... Sie leben ihr eigenes Leben in völliger Unabhängigkeit ... Der Mensch ... kann nicht mehr tun, als sich in das psychische Äquivalent Australiens zu begeben und sich dort umzusehen‹« (Schulz 2000, S. 57/58).

sollen im folgenden einige Problemfelder in Pflegebereichen dargestellt und Ansätze zu ihrer Überwindung aufgezeigt werden.

2. Die »Last der Verantwortung« (auf allen Ebenen der Pflege)

In Gesprächen mit Mitarbeitern verschiedenster Einrichtungen, in denen Pflege und Rehabilitation einander ergänzen, kamen vielfach Vorbehalte von Pflegenden gegenüber Rehabilitationsfachkräften zum Ausdruck. Diese bestehen u.a. darin, dass diverse der überwiegend sehr gut aus- und weitergebildeten sowie teils studierten Rehabilitationsfachkräfte sich vermeintlich »einer Elite zugehörig« gerierten, wodurch sich der »nur« mit pflegerischen Tätigkeiten befasste Teil der Mitarbeiterschaft deklassiert fühle. Von Rehabilitationsfachkräften wiederum ist zu vernehmen, viele Pflegende würden sich gegenüber der Umsetzung neuer Vorstellungen sperren. Als Folge ist mitunter (sofern sich der betroffenen Person entsprechende Möglichkeiten bieten) der Wechsel in eine andere Einrichtung oder sogar in die »innere Emigration« zu verzeichnen. Auch wenn derzeit keine gesicherten quantitativen Erkenntnisse zu der Thematik vorliegen und erst weitere Untersuchungen größere Klarheit in diesen Punkten erbringen dürften, kann die erwähnte Art der Resignation keineswegs hingenommen werden. Denn entsprechende Formen einer »Schnittstellenproblematik« treten bei den sich permanent wandelnden Erfordernissen von Pflege- und Rehabilitationsprozessen verstärkt auf. Daher ist es auch wenig hilfreich, wenn in den verschiedenen rehabilitationswissenschaftlichen Studiengängen gravierende Missverständnisse nicht in ausreichendem Maße ausgeräumt werden. So sahen einige Studierende den Grundsatz »Rehabilitation vor Pflege« nicht als Methodenkritik oder »professionellen Imperativ«, sondern als Abgrenzung verschiedener Berufsbilder voneinander und bemühten sogar den Begriff des »Elitären«. Vereinzelt dünkte man sich tatsächlich erhaben über Pflegekräfte und andere Angehörige nichtakademischer Berufsgruppen.

Doch vor allem erscheinen einige berufsgruppenübergreifende Signale recht bedenklich: In einer kürzlich vorgenommenen Erhebung zum Stellenwert diverser (Schlüssel-)Kompetenzen in verschiedensten Lebensbereichen (unter anderem auch bei Gesundheitsberufen) erreichte im Ranking der Notwendigkeiten die »Beziehungsfähigkeit im Beruf« bei den befragten Frauen lediglich einen 43. Platz, bei den Männern sogar nur Rang 71. Zum Vergleich: Für die privaten Verbindungen sehen beide Geschlechter »Beziehungsfähigkeit« unter den ersten zehn Plätzen, nämlich Frauen auf Platz 2 und Männer auf Platz 4 (vgl. Sohr 2006, 143 f.)!

Derlei Ergebnisse zeigen, dass einige Ursachen für Kompetenzstreitigkeiten etc. im gesamtgesellschaftlichen Bereich liegen – wohl nicht zuletzt, weil das Zurücknehmen der eigenen Person, d.h. ein Verhalten, dessen Inhalte mit dem Begriff der »allgemeinen Demut« im Sinne einer tiefen Bescheidenheit (auch gegenüber den verschiedensten Devianzen und somit der Vielfalt des Möglichen) beschrieben werden könnten, aus dem Kanon des Miteinander-Umgehens gestrichen zu sein scheint. Doch eine solche Demut kann durchaus im Umgang mit Patienten/Klienten/Bewohnern beiderlei Geschlechts angesichts einer Schädigung hilfreich sein – besonders dort, wo die Entwicklung von Aktivitätsmöglichkeiten im Vordergrund steht, weil von einer »Beseitigung« der Störung nicht mehr ausgegangen werden kann.[2]

Denn aus der Beziehung zwischen Pflegekraft und Patient ergibt sich eine Wechselwirkung zwischen den verschiedenen Selbstsystemen, d.h. des Selbstsystems des Patienten, aber ebenso der Pflegekraft. Der soziale Lernprozess wie auch die gesamte Interaktion geht also nicht nur vom Pflegenden aus, sondern wird durch den gepflegten Menschen entscheidend mitbestimmt. Maria Mischo-Kelling postuliert, es sei

»die Aufgabe der Pflegekraft, Situationen herzustellen, die es dem Patienten ermöglichen, seine Kapazitäten im Sinne der Problembewältigung bzw. -lösung und darüber hinaus seiner persönlichen Entwicklung voll auszuschöpfen und zu entfalten.« (Mischo-Kelling 2001, S. 23)

Dies bedeutet, dass zunächst von der Pflegekraft der pflegerische Bedarf erkannt und dessen Umsetzung gemeinsam mit dem zu pflegenden Menschen angestrebt werden sollte. Wird der Pflegebedarf nicht (oder nicht rechtzeitig) erkannt, führt dies meist zur Verzögerung oder gar Stagnation bei der Bewegung hin auf den positiven Pol des Gesundheits-Krankheits-Kontinuums (vgl. Antonovsky 1997, Schulz/Wiesmann 2007) oder das Erreichen eines bestimmten Pflegezieles, z.B. Aktivierung in einem definierten Bereich o.Ä. Somit scheinen zwei Ansprüche

---

2   Eine funktionierende Interaktion zwischen Menschen mit einer Schädigung und den unterstützenden Personen erweist sich in den meisten Fällen als notwendig, da es sich hierbei oft auch um Prozesse neuerlicher Motivationsausprägungen handelt. Die Zahl derer, deren Verhalten als eine Art »Selbst-Rehabilitation« aufgefasst werden kann und deren Eigenaktivierungsressourcen entsprechend hoch sind, so dass sie der erwähnten Interaktion nicht bedürfen, ist gering. Von ihnen wird nur in Einzelfällen berichtet (vgl. Schulz 2006, S. 168–169).

an eine Pflegekraft besonders wichtig zu sein: die (wahlweise anders zu benennende) diagnostische Kompetenz (auf welche unten in anderem Zusammenhang nochmals verwiesen wird) und die soziale Kompetenz. Dazu darf auch die (umgesetzte) Erkenntnis zählen, dass der selbstreflektierte Patient oft »der Professionelle« für seine eigene Physis ist.[3]

Doch darüber hinaus wird hier noch das Prinzip der Verantwortung berührt. Bezüglich pflegerischer Maßnahmen erwähnt Sabine Bartholomeyczik (Witten-Herdecke) Entscheidungs- als auch Durchführungsverantwortung seitens der Pflegenden. Sie stellt fest:

> »Verantwortung übernehmen heißt, Rechenschaft über das eigene Tun ablegen zu können, und zwar gegenüber allen, die diese einfordern können. In diesem Sinne ist ›Verantwortung die Pflicht zur ›Antwort‹ auf die Frage, ob die gestellte Aufgabe zielentsprechend erfüllt wurde‹ (A. Elsbernd).« (Bartholomeyczik 2006, S. 54 f.)

Letztlich seien notwendig:
- ein handlungsorientierter Kenntnisstand
- Möglichkeiten zur Entscheidungsfolgeabwägung
- Soll/Ist-Vergleich (Was hätte getan werden können im Vergleich zur tatsächlichen Handlung?)

Diese fachlichen Voraussetzungen müssten mit begründeten ethischen Prinzipien verbunden sein, der Maßstab heiße Pflegequalität.

> »Die Rechenschaft bezieht sich darauf, das für den Patienten im individuellen Fall Bestmögliche getan zu haben, beruhend auf dem Stand der erhältlichen Kenntnisse. Nur mit dieser Verantwortung ist das viel gepriesene professionelle Handeln möglich, denn professionelles Handeln ist immer ein personenorientiertes Handeln ...« (Bartholomeyczik 2006, S. 54 f.)

Fähigkeit und Wille zur Verantwortung der Pflegekraft sowie deren Verhältnis zum Gepflegten prägen also (neben anderen Parametern) die Pflegepraxis, und dies sehr wahrscheinlich auf allen Feldern der Pflege, von der Kurzzeit- bis zur Altenpflege. Stellen nun aber Rehabilitationsfachkräfte aufgrund eines überzogenen Selbstverständnisses oder

---

3 In diesem Zusammenhang sind jeweils auch die Systemebenen zu betrachten, aus denen Leistungen bei Pflegebedürftigkeit erbracht werden (müssen), nämlich professionelle Pflege, Dependenzpflege und Selbstpflege. Besonders mit letztgenannter Komponente kann eine im Erstzugang möglicherweise noch als statisch dargestellte Pflegesituation partiell durchbrochen werden (vgl. auch Scupin 2003, S. 177–179).

aus einer entsprechenden Anspruchshaltung heraus die genannten Kompetenzen von Pflegenden in Frage, verstoßen sie gegen das letztlich nicht nur für den Patienten geltende Prinzip, die Kapazitäten im Sinne der Problembewältigung auszunutzen und zu entwickeln. Denn in der Rehabilitationsfachkraft-Pflegekraft-Begegnung, wie auch während der Pflegekraft-Pflegekraft-Begegnung, treffen deren Selbstsysteme aufeinander und wirken auf die interpersonale Beziehung. Im Sinne der Symmetrie zwischen Vergangenheit und Zukunft hat dies auch Auswirkungen auf das weitere Handeln. Demzufolge ist es vor allem bei den beruflichen Helfern nötig, auch im Umgehen miteinander ein großes Maß an Professionalität hinsichtlich der zu bewältigenden Aufgaben zu demonstrieren. Tun sie das nicht, könnte die Entfaltung der Wirkung auf bestimmten Handlungsfeldern stark minimiert werden, was schließlich langfristig Auswirkungen auch auf den Umgang mit den Patienten haben kann. Eine derartige Verhaltensweise ist aber weder professionell noch verantwortungsbewusst, weil dadurch künstlich extreme »Reibungsverluste« erzeugt werden. Somit arbeitet der oder die Betreffende nicht aufgabenadäquat und muss darauf hingewiesen werden, notfalls auch disziplinarisch. Denn gerade bei der schon vielfach erwähnten Minderung der Ressourcen kann man sich solches Umgehen miteinander tatsächlich »nicht mehr leisten«.

Außerdem sollte bedacht werden, dass das Absolvieren eines Studiums allein ohnehin nicht ausreichen würde, um (pseudo-)elitäre Ansichten innerhalb einer Einrichtung zu transportieren. Denn es gibt durchaus auch Pflegewissenschaftler (im übrigen wird deutlich weniger über diese ja auch »studierte« Berufsgruppe geklagt als über die Rehabilitationsspezialisten), die in Lehre und Forschung in (Fach-)Hochschulzusammenhängen Ausgezeichnetes leisten, aber bei der Wissensanwendung in einer Klinik oder einer Pflegeeinrichtung auf schwer überwindliche Hürden stoßen würden – und dies nicht unbedingt nur, weil es sich lediglich um Theoretiker handelt. Diverse Dozenten in Ausbildungsbereichen, die mit Pflege und Rehabilitation befasst sind, stellen in ihrer Praxis hin und wieder fest, dass sie einigen Studierenden wünschen, jene mögen nach ihrem Abschluss nie wieder mit der Klientel befasst sein, um deren Wohlergehen sie sich dann eigentlich bemühen sollen – und besonders sei dies den Klienten zu wünschen.

Klaus-Diethart Hüllemann (Ärztlicher Direktor) geht auf diese Problematik exemplarisch anhand einer anderen Berufsgruppe ein:

> »Ist eine pflegewissenschaftlich ausgebildete Fachkraft die bessere Fachkraft als die vorwiegend oder ausschließlich praktisch ausgebildete? Die Antwort kann nur sein: Das wird sich ähnlich ergeben wie bei den Ärzten. Einige Ärzte sind im Wesentlichen Wissenschaftler, vielleicht mit den

sprichwörtlichen ›zwei linken Händen‹ für praktische Dinge, andere Ärzte sind gute Praktiker, sind aber wissenschaftlich uninteressiert oder sogar ablehnend gegenüber wissenschaftlichen Methoden. Dann gibt es die wenigen, die gute Wissenschaftler und gute Praktiker sind.« (Hüllemann 2001, S. 65)

Am Rande vermerkt sei, dass in speziellen Rehabilitationseinrichtungen Kompetenzstreitigkeiten wie die vorstehend bezeichneten nicht oder zumindest nur in sehr geringem Umfang bestehen. Zumindest gibt es hierzu Aussagen aus verschiedenen Häusern in unterschiedlichen Bundesländern (z.B. Berlin, Niedersachsen und Sachsen-Anhalt), die sich für psychisch kranke und geistig behinderte Menschen engagieren.

Vielleicht hat sich hier schon der Brecht'sche Hinweis ausgewirkt, dass auf die Mühen der Gebirge die Mühen der Ebenen folgen. Deren Überwindung dokumentiert sich u.a. beispielhaft in der RPK Lavie gGmbH in Königslutter, wo Studierende der Rehabilitationswissenschaften mehrfach nachhaltig wirkende Eindrücke gewinnen durften, wie Betreuung seitens aller Mitarbeiter reibungslos ohne »Zuständigkeitskollisionen« und mit einem deutlich zutage tretenden Verantwortungsbewusstsein der gesamten Belegschaft funktionieren kann. Zudem geht man dort auch mit dem schlimmen nationalsozialistischen Erbe des heutigen Niedersächsischen Landeskrankenhauses Königslutter, mit dem die RPK eng zusammenarbeitet, sehr offensiv um – auch hier mit dem Blick auf die Verantwortung professionell Helfender.

Es scheint sich dort eine Orientierung an moralisch-ethischen Grundsätzen ähnlich denen, die Beauchamp und Childress 1983 für die Tätigkeit von Helfenden aufstellten, durchgesetzt zu haben:
1. Respekt vor der Autonomie des Menschen
2. Gebot der Schadensvermeidung
3. Verpflichtung zur Hilfe
4. Das Prinzip der Gerechtigkeit.

Auch wenn die Autoren zunächst an die somatische Medizin dachten, sind die disziplinübergreifenden Aspekte offensichtlich, weshalb hierin eines der verbindenden Momente zwischen Pflegenden und Rehabilitationsspezialisten wie auch zwischen »studierten« und »nicht studierten« Fachkräften zu stecken scheint.

3. Rückwärts in die Zukunft?

Geht man nach zumindest konzeptionell bereits weit gediehenen Vorhaben oder auch nach schriftlichen Darlegungen zur multidisziplinären Zusammensetzung eines Rehabilitationsteams z.B. in Lehrbüchern (Willig 2001, 20022 – hier Pflegekräfte als Akteure in der medizinischen Rehabilitation), arbeiten die studierten Rehabilitationsfachkräfte mit den nicht studierten Pflegekräften Hand in Hand, ebenso wie umgekehrt. Sicher wird dies in der Praxis vielfach umgesetzt. Doch gibt es auch Berichte Betroffener, die sogar von »Hackordnungen« sprechen. In ihrer Erkenntnis der Klinik- oder Heimpraxis erfolgt eine Reduktion des Aufgabenkanons der untersten Charge bezüglich der Erfüllung der Grundbedürfnisse: warm, trocken, satt und sauber. Für die »anspruchsvolleren« Tätigkeiten seien dann andere Personengruppen zuständig, wobei diese sich partiell auch aus der ursprünglich als homogen begriffenen Gruppe von Pflegekräften rekrutieren würden. Zwar ist jeweils ein Teil dieser Personen sogar »froh«, nur eingeschränkt tätig zu sein bzw. sich nicht auf der jeweils »anderen Seite« mit den genannten Inhalten beschäftigen zu müssen.

Letztlich aber muss in diesem Sinn von einer »pflegerischen Handlungseinschränkung« gesprochen werden, welche sich auf die zu pflegende Person nachteilig auswirkt oder zumindest auswirken könnte. Nachteile erwachsen allerdings ebenso, wenn die Pflegekraft einen »eigenen Schwerpunkt« entweder bei der Intensivierung der menschlichen Zuwendung oder in einer Beschränkung nur auf die Anwendung technischer Methodenkompetenz legt.

Daneben (oder hauptsächlich) spielen, wie in verschiedenen Beiträgen dieses Bandes angeführt, auch ökonomische Zwänge eine große Rolle. Daher beginnt man, sich früherer Praktiken zu erinnern und der damit verbundenen ähnlichen Vorteile, wie sie einst die Manufakturarbeit mit sich brachte. So gibt es seit jüngerer Zeit wieder »Waschfrauen«, die durch das betreffende Krankenhaus eingestellt werden und die Patienten morgens in der Zeit zwischen 6.00 Uhr und 8.00 Uhr säubern. Entsprechende Beispiele werden mittlerweile nicht nur wieder aus Norddeutschland berichtet. Die Erkenntnis einer in der Phase des Erstzugangs als Rückschritt begriffenen Praxis erschütterte viele im weitesten Sinne in sozialen Bereichen Tätige. Begriffe wie »Ganzheitlichkeit«, »spezifisch Menschliches«, »Autonomie des zu Pflegenden« betrachteten diverse mit Pflege und Rehabilitation befasste Personen als Gegensatz zu einer solchen Vorgehensweise. Aber bei näherer Betrachtung erweist sich diese Regelung sogar als eine Möglichkeit, auf aktuelle Gegebenheiten besser reagieren zu können. Sicher sieht der gepflegte Mensch seine Autonomie erschüttert, wenn er es ehedem gewohnt war, seine Morgentoilette um 9.00 Uhr vorzunehmen, nun aber bereits drei Stunden früher gewaschen wird. Doch die aus ländlichen Gegenden kommenden und in diesem Aufgabenbereich tätigen Frauen sind im wahrsten Sinne des Wortes »professionell« – nicht nur in der Geschwindigkeit bei der Verrichtung ihrer Arbeit, sondern auch in deren Ergebnis. Denn in Gebieten, in denen viele Generationen unter einem Dach leben, ist meist die Hemmschwelle, andere Menschen zu berühren, deutlich geringer. Der Umgang mit der Patientenklientel gestaltet sich entsprechend natürlicher. Die »Waschfrauen« selbst geben sich mit der vergleichsweise geringen Entlohnung zufrieden, weil sie sonst überhaupt keiner Erwerbstätigkeit nachgehen könnten. Einige von ihnen befinden sich wieder rechtzeitig zu Hause, um ihre Kinder auch noch auf den Schulweg bringen zu können. Und die betreffende Klinik wird in diesem Bereich finanziell entlastet, so dass unter Umständen gewisse Ressourcen-Umlagerungen vorgenommen werden können, die den Patienten (auch personell) zugute kommen bzw. zumindest Kürzungen zu kompensieren helfen. Aber trotz eines solchen Versuches der positiven Interpretation genannter Entwicklungen darf an dieser Stelle der Hoffnung Ausdruck verliehen werden, dass eine solche Form von Rückschritten sich nicht weiter fortsetzen möge.

Sicher sein kann man dessen allerdings nicht, da unter anderem aufgrund der demographischen Entwicklung in den nächsten Jahr(zehnt)en gerade in den ländlichen Bereichen eine Neuorganisation unvermeidlich sein wird, auch bzw. vor allem hinsichtlich des Delegierens von Verantwortung, z.B. für die häusliche Pflege. Wenn es zudem tendenziell keine ausreichende Zahl an Hausärzten mehr gibt, müssen die in der häuslichen Pflege Arbeitenden »ärztliche Tätigkeiten« in eben diesem Bereich übernehmen. Das aber setzt eine drastische Verbesserung der Kommunikation und der »Krankenbeobachtung« bzw. Beobachtung des Krankheitsverlaufs sowie der Diagnostik, aber auch der Kenntnisse über Rehabilitation und entsprechende Maßnahmen, nicht zuletzt der sich aus dem SGB IX ergebenden Möglichkeiten, voraus. Gerd Bekel wies im Rahmen der Fachtagung »Selbstsorge – Wissenschaftstheoretische und gesundheitspolitische Dimensionen« darauf hin, dass in der Pflege auch gelernt werde (bzw. werden müsse), zu diagnostizieren. Dies dürfte bei den erwähnten Veränderungen unumgänglich werden – und Angehörige verschiedener regionaler Anbieter von Hauskrankenpflege werden dort zumindest partiell Personal mit Kompetenzen benötigen, wie sie einst eine große Zahl von Gemeindeschwestern aufwies. Dieses Personal würde dem Hausarzt entsprechend berichten und zuarbeiten können, damit er die richtigen Entscheidungen treffen könnte.

Solche Kompetenzentwicklungen lassen sich aber nur über neue, innovative Konzepte realisieren. Nicht alle können die Telemedizin nutzen, zumal es dafür bestimmter medizinischer Indikationen bedarf. Verglichen damit ist die Notwendigkeit herkömmlichen Umgangs mit den zu pflegenden Menschen weiterhin in großem Umfang gegeben. Ganz abgesehen davon, dass auch die genutzten Anlagen nicht unanfällig sind, wie u.a. eine Nachricht vom Morgen des 31. August 2006 aus der Universität HGW belegt:

»Auf Grund technischer Probleme der elektrischen Anlage der FH Stralsund stehen der Teleradiologie-Server sowie der Tele-EKG-Server am Freitag, dem 01. 09. 2006 in der Zeit von 14.00 bis 20.00 Uhr nicht zur Verfügung. In dieser Zeit können keine Bild- bzw. EKG-Studien auf die Server übertragen oder von dort abgerufen werden.« (Universität HGW)[4]

Eine der ersten Näherungsmöglichkeiten an die schrittweise Neugestaltung auch der Pflege in den erwähnten Zusammenhängen könnten diverse Weiterbildungen darstellen. Die Hochschule Magdeburg-Stendal (FH) bietet z.B. in Zusammenarbeit mit dem Kooperationsverbund Hochschulen für Gesundheit e.V. den berufbegleitenden Weiterbildungsstudiengang »Gemeindebezogene Gesundheitsförderung« an. Das Studium ist als mediengestütztes Fernstudium mit regelmäßigen zweitägigen Präsenzphasen an der Hochschule Magdeburg organisiert. Es sollen Kompetenzen und Strategien zur Umsetzung und Koordination von Gesundheitsförderungsprojekten in den Handlungsfeldern Kommune und Stadtteil vermittelt werden. Außerdem finden sich im Curriculum: Projektmanagement, Kooperation und Vernetzung, Evaluation und Qualitätssicherung, Marketing und Öffentlichkeitsarbeit.

4. Einige Bemerkungen zur Akademisierung der Pflege

In dem kleinen norddeutschen Bundesland Schleswig-Holstein, in dem es derzeit noch keine akademische Pflegeausbildung gibt, haben sich in den letzten ca. zwei Jahren interessierte Fachleute zusammengefunden, um Aktivitäten für eben solch eine Ausbildung zu entwickeln. Begründungen dafür gibt es viele – dagegen offenkundig auch, wie durch Barbara Meifort in einem scharf formulierten Beitrag anhand der Bezeichnungen »Bildungseliten« und »nursing poor« (Meifort 2001) als auch mit dem Begriff der »Hierarchisierung« die Problematik aktueller Entwicklungen deutlich gemacht wurde, hier hinsichtlich der Akademisierung von Pflege.

---

4 Hier sei angemerkt, dass neue Systeme wie die RFID (Radio Frequency Identification) sich wahrscheinlich mittelfristig durchsetzen werden, da Überprüfungs- und Dokumentationsverfahren in ambulanter wie stationärer Patientenversorgung auf diese Weise optimiert werden können. Doch bei Systemausfällen wird es auch stets wieder der individuumszentrierten Zuwendung des Personals bedürfen – und dies gilt in noch stärkerem Maße für Tätigkeiten, die sich nicht in nahezu beliebigem Maße automatisieren lassen.

Im Juni 2006 gab es 61 Pflegestudiengänge in Deutschland, davon zwei als auslaufend deklariert. 19 dieser Studiengänge beschäftigen sich primär mit Pflegepädagogik, 25 mit Pflegemanagement (einer nennt es Gesundheitsmanagement). Was aber sagt der Begriff des Managements aus? Es ist möglich, im Anschluss die Betriebsführung, also die Leitung eines Unternehmens, z.b. einer Klinik, einschließlich Planungen und Grundsatzentscheidungen übernehmen. Bei Pflegepädagogik handelt es sich um Erziehungswissenschaft, also Theorie und Praxis der Bildung und Erziehung in Bezug auf Pflegeberufe. Zweifellos sind dies wichtige, unverzichtbare Tätigkeitsfelder. Doch eine Akademisierung der Pflege bezüglich klassischer Inhalte, jüngerer Entwicklungen und Verknüpfungen sowie neuester Innovationen – sei es nun in einem Studiengang Pflegewissenschaft oder auch Humanwissenschaft mit mehreren Spezialisierungsrichtungen, deren eine die Pflege ist – dürfte heute notwendiger denn je sein.

Dies mag durch folgende Prognose illustriert werden: 2020 wird der Anteil der 80jährigen und Älteren an den Pflegebedürftigen insgesamt von 49 Prozent auf 62 Prozent steigen. Noch gravierender zeugt sich die Verschiebung in der Altersstruktur danach: Im Jahre 2050 werden rund 30 Prozent der Pflegebedürftigen 90 Jahre und älter sein. Zählt man die 80- bis unter 90-Jährigen hinzu, so ergibt sich ein Anteil von 77 Prozent. Selbst, wenn vielleicht einiges durch die Weiterentwicklung der Medizin kompensiert werden kann, wird die Pflege in den kommenden Jahrzehnten mit kaum zu erahnenden Aufgaben konfrontiert werden. Dabei könnten auch die Erkenntnis der Kombination aus Zuwendungsbedürftigkeit und Pflegebedürftigkeit in unterschiedlichen prozentualen Anteilen und daraus abgeleitete Schlussfolgerungen eine gewisse Rolle spielen.

Dass hierbei eine konsequente Orientierung auf rehabilitative Pflege/ Selbst- und Laienpflege unerlässlich wird, ist offensichtlich. Und definitiv wird hinsichtlich bestimmter Einflüsse im Lauf des Lebens, wie z.B. bezüglich gesundheitsschädlicher Gewohnheiten oder außergewöhnlicher beruflicher Inanspruchnahme, auch die Prävention von allergrößter Bedeutung sein. Doch bislang ist in einigen Regionen noch nicht einmal sicher, ob überhaupt ein Pflegestudiengang eingeführt wird. Dennoch wird die Akademisierung der Pflege nicht nur aufgrund der demographischen Entwicklung, sondern auch aus ihrem Verständnis als selbständige Wissenschaftsdisziplin, als notwendig erachtet.

Wenn aber in der Pflegelandschaft des Jahres 2050 u.a. die Bereiche (nach Karl-Friedrich Wessel) Entwicklungspflege, Kompensationspflege und Sterbepflege mit all ihren Randbedingungen von den sozialen über die institutionellen bis zu materiellen Zusammenhängen unter dem Aspekt der zeitlichen Ganzheit ohne starre Festlegung fester Lebensabschnitte innerhalb von »Altersgruppen« betrachtet und *gelebt* würden, könnte Pflege in einem anderen Licht erscheinen als noch vielfach in der Gegenwart (vgl. Wessel 2001, S. 25) – selbstverständlich stets in einer interdisziplinären Gestaltung des Eingehens auf die zu pflegenden Menschen, die durch eine prozessorientierte Arbeitsweise gekennzeichnet sein muss.

Literatur

Antonovsky, Aaron (1997). Salutogenese. Zur Entmystifizierung der Gesundheit. Deutsche erweiterte Herausgabe von Alexa Franke. Tübingen: dgvt.
Bartholomeyczik, Sabine (2006). Verantwortung – eine Frage der Professionalität. Dr. med. Mabuse 31 (160). S. 51–55.
Beauchamp, Tom L./Childress, James F. (1983). Principles of Biomedical Ethics. Oxford: University Press.
Gassner, Michael (1980). Bildungsbedarfsermittlung: Grundsätze und Methoden. In: Rainer Neubauer/Rosenstil, Lutz von (Hrsg.). Handbuch der Angewandten Psychologie. München: Verlag Moderne Industrie. S. 250–262.
Hüllemann, Klaus-Diethart (2001). Krankenpflege aus ärztlicher Sicht – mehr Humanität durch Wissenschaft? Zeitschrift für Humanontogenetik 4 (1). S. 62–68.
Lang, Hermann (1996). Das obskure Objekt des begehrenden Subjekts. In: Heinze, Martin/Priebe, Stefan. Störenfried »Subjektivität«. Würzburg: Königshausen und Neumann. S. 127–141.
Meifort, Barbara (2001). Eliten brauchen Heloten. Heiteres Berufebasteln in der Krankenpflege. Dr. med. Mabuse 26 (130).
Mischo-Kelling, Maria (2001). Die Pflegekraft-Patient-Beziehung: ein psychodynamischer Ansatz. In: Karavias, Theophanis/Mischo-Kelling, Maria: Chirurgie und Pflege. Stuttgart, New York: Schattauer. S. 21–31.
Rittner, Volker (1982). Krankheit und Gesundheit. Veränderungen in der sozialen Wahrnehmung des Körpers. In: Kampe, D. & Wulf, C. (Hrsg.). Die Wiederkehr des Körpers. Frankfurt/Main: Surkamp. S. 40–51.
Schulz, Jörg (2000). Aldous Huxley und die menschliche Vielfalt. Der Homo sapiens in der Literatur eines Naturwissenschaftsbegeisterten. Bielefeld: Kleine.
Schulz, Jörg (2006): Prolog IV: Aldous Huxley und sein Beitrag zur Humanentwicklung. In: Schulz, Jörg/Kleinhempel, Friedrich (Hrsg.). Humanontogenetik: Prospektionen des Menschen im 21. Jahrhundert. Berlin: Akadras. S. 168–169.
Schulz, Jörg/Wiesmann, Ulrich (2007). Zur salutogenetischen Denkweise bei der Betrachtung des Menschen (Editorial). Zeitschrift für Salutogenese – Der Mensch als Biopsychosoziale Einheit 1 (1). S. 1–6.
Scupin, Olaf (2003). Pflegebedürftig – Herausforderung oder das »Ende« des Lebens? Der Entwurf einer subjektiven Theorie der Pflegebedürftigkeit. Bielefeld: Kleine.
Sohr, Sven (2006). ZukunftsCoaching. Berlin: Verlag über den Wolken.

Wessel, Karl-Friedrich (2001). Humanontogenetische Überlegungen zur Pflegewissenschaft. Zeitschrift für Humanontogenetik 4 (1). S. 22–26.
Willig, Wolfgang/Kommerell, Tilman (2001, 20022). Psychologie. Sozialmedizin. Rehabilitation. Lehrbuch für die Ausbildung in der Krankenpflege. Balingen: Willig.

Thomas Diesner

Rundtischgespräch (Zusammenfassung)

Im Anschluss an die Vorträge fand am Samstag Mittag eine Podiumsdiskussion zu sozialen und politischen Fragen der Pflege statt, zu der auch die öffentlichen Medien geladen waren. Die Diskussion wurde moderiert von der Journalistin Ulrike Bürger. An ihr nahmen teil die Referenten Marianne Rabe (Charité Berlin), Martin W. Schnell (Private Universität Witten/Herdecke), Olaf Scupin (FH Jena) und Karl-Friedrich Wessel (Humboldt-Universität zu Berlin). Neu hinzu kamen Carola Gold, Geschäftsführerin von Gesundheit Berlin e.V., der Landesarbeitsgemeinschaft für Gesundheit im Land Berlin und Erwin Dehlinger, Leiter der Berliner Dependance des AOK Bundesverbandes. Die Diskussion wurde mitgeschnitten, so dass an Hand dieser Mitschnitte eine protokollarische Zusammenfassung erarbeitet werden konnte. Eine wörtliche Wiedergabe des Gesprächs erschien nicht sinnvoll.

Die Diskussion bestand aus zwei Komplexen, deren erster gesundheitspolitische Aspekte und deren zweiter Fragen der Ausbildung und Professionalisierung der Pflege thematisierte. Bezugnehmend auf die Referate formulierte Ulrike Bürger zwei Fragen:
(1) Wie kommt es, dass die Politik beim Thema Gesundheit nur die Kostenfrage stellt und warum lassen wir das zu?
(2) Wie gelingt es, dass die Pflege eine zunehmend eigenständige, unabhängige Disziplin wird?

1. Gesundheitspolitische Aspekte der Pflege

Das Fehlen inhaltlicher Konzepte und fachlicher Kompetenz seitens politischer Entscheidungsträger beklagte *Martin W. Schnell*. Natürlich stellen ökonomische Fragen einen Bereich politischen Handelns dar, daneben sollten jedoch interdisziplinäre Forschungsprojekte und -prozesse zu konkreten Fragen seitens der Politik angestoßen werden.

Olaf Scupin spricht von einer historisch überlieferten Gemengelage, in der sich die strukturelle und ökonomische Situation der Medizin und Pflege befinden. Nach den Heilsversprechen der letzten Jahrzehnte befindet sich das Gesundheitssystem nun in einer Ökonomisierungskrise. Führungsposten werden nicht nach Maßgabe von Notwendigkeiten der Krankheitsprozesse vergeben. Es herrscht eine Berufsgruppenhierarchie vor, die auch ökonomische Wirksamkeit entfaltet, nicht immer zu Gunsten der Patienten. Die Frage, die zu stellen ist, wäre die nach den Anfängen von Krankheitsrisiko und Pflegebedürftigkeit und nach dem Verlauf des Krankheitsprozesses. Nach deren Erfordernissen muss sich die Struktur eines Gesundheitssystems ausrichten. Der humanontogenetische Ansatz erweist sich als vielversprechend, da er eine Perspektive auf den Menschen in seiner Gesamtheit eröffnet.

Erwin Dehlinger verweist auf zwei Perspektiven. Der Beitragszahler, der günstige Beitragssätze und/oder, entsprechend der eigenen Angewiesenheit und Betroffenheit, eine qualitativ hochwertige und umfassende Versorgung genießen möchte. Beides zu vermitteln ist eine schwierige Aufgabe. Gemessen am Bruttoinlandsprodukt steht Deutschland bei den Gesundheitsausgaben an 2. oder 3. Stelle. Bis zum Jahr 2000 waren die Krankenkassen der Meinung das beste Gesundheitssystem zu haben, bis ein Sachverständigenrat in einem Gutachten Fehl- und Unterversorgung in bestimmten Bereichen feststellte. Der Verschwendung von Mitteln soll nun mit einem Wettbewerbssystem entgegengetreten werden, das die Qualität und Wirtschaftlichkeit des Gesundheitssystems heben kann. Die Aufgaben der politischen Akteure bestehen darin Wirtschaftlichkeitsreserven kenntlich zu machen. Beispiele hierfür sind das Disease Management Program, die Aufhebung der Trennung von ambulanten und stationären Bereich, sowie die Förderung der hausärztlichen Versorgung. Es geht somit nicht um finanzielle, sondern auch um qualitative Fragen. Ebenso ist eine generelle Debatte um die Lohnnebenkosten nicht zu vermeiden.

Marianne Rabe kritisiert die pauschal geführte Debatte um die ›Kostenexplosion‹, in der das Gesundheitswesen als ein riesiges Loch dargestellt wird. Tatsächlich sind auf einigen Gebieten starke Kostensteigerungen zu verzeichnen, jedoch sind auch, wie der Vortrag von Hans Nehoda zeigte, Reserven vorhanden. Einzig beim Personal, insbesondere beim Pflegepersonal sparen zu wollen, erweist sich als Fehlurteil. Verschiedene Interessenlagen, die Macht bestimmter Lobbys in der Medikamentenvergabe und den –kosten bestimmen den ökonomischen Diskurs. Dagegen wäre die grundsätzliche Frage zu stellen, was für eine Medizin und Gesundheitsversorgung – ›care‹ oder ›cure‹, Deutschland tendenziell vertreten möchte und welche Schwerpunkte – Transplantation und High Tech oder Versorgung psychischer Krankheiten und alter Menschen – gesetzt werden sollen. Eine Förderung der Selbstsorge darf sich nicht gegen solidarische Prinzipien richten und eine verbrämte Leistungskürzung darstellen.

Für *Carola Gold* besteht ein Problem des deutschen Gesundheitswesens in seiner starken Sektorierung. Zu einem erfolgreichen Gesundheitswesen gehört eine konsequente Handlungskette, in der auch die

Prävention ihren Stellenwert hat und in dem sich die verschiedenen Aspekte der Gesundheitsförderung durch alle Bereiche der Kuration und Pflege hindurchziehen. Gefragt werden muss: Welche Beiträge zur Patientenorientierung können die Professionen leisten und wie kann dies, ausgerichtet am Patienten in ein Konzept integriert werden?

Olaf Scupin kritisiert Erwin Dehlinger und fragt, was eine einnahmeorientierte Ausgabenpolitik mit einer alternden und chronifizierten Gesellschaft zu tun hat. Pflege wird allgemein als eine ›Ekelwissenschaft‹ angesehen – mit ihr ist kein Geld zu machen. Scupin kritisiert die hohe Bürokratisierung der Pflege, die Probleme der Zentralisierung im Sinne einer Unterordnung ärztlicher Heil- und Hilfsberufe unter der Ärzteschaft und das ungleiche Verhältnis von hohem technischen Standard und mangelnder menschlicher Zuwendung. *Erwin Dehlinger* bestätigt, dass eine einnahmeorientierte Ausgabenpolitik bisher nicht funktioniert hat. Ein Problem besteht im mangelnden Wettbewerb bzw. in Monopol- und Kartellbildungen. Das Problem der Bürokratisierung besteht für Dehlinger nicht. Ein gewisses Maß an Kontrolle sei notwendig. Wo jedoch das richtige Maß ist, bleibt zu ermitteln.

Karl-Friedrich Wessel versucht einen allgemeineren Blick auf die Probleme von Pflege und Pflegewissenschaft vermittels des Begriffes der ›Ressource‹ zu gewinnen. Geld ist nichts anderes als ein Äquivalent für vorhandene Ressourcen. Ein ökonomischer Ansatz hat also zuallererst zu klären, um welche Ressourcen es sich handelt. Hier wird ein weites Feld betreten, allzu oft der Begriff der ›Ressource‹ zu eng definiert. Wichtige Ressourcen sind beispielsweise auch menschliche Kompetenzen, wie die des ›Zuhören Könnens‹. Ein Beispiel für die Ignoranz von Ressourcen ist in der Rede von einer ›alternden Gesellschaft‹ zu finden. Es sollte stattdessen von einer ›reicher werdenden Gesellschaft‹ gesprochen werden. Bildung, eine weitere Ressource, gerät unter ökonomischen Rechtfertigungsdruck. Das Humboldt'sche Ideal der ›Einheit von Lehre und Forschung‹ wird nicht mehr umgesetzt. Exzellenzforschung und damit einhergehend die weitere Trennung von Natur- und Geisteswissenschaft schadet den Naturwissenschaften genauso wie den Geisteswissenschaften. Gefragt wird nach dem Experimentellen, nicht nach dem Konzeptionellen. Um diese Missstände zu ändern, bedarf es der Diskussion, letzteres wiederum bedarf des Zuhörens.

2. Autonomie der Pflege

Olaf Scupin spricht von einem Führungskräfteproblem. Erstens kann es nicht bedeuten, dass, wenn Ärzte mehr Geld bekommen, Pflegekräfte entlassen werden. Zweitens wird der Pflegedienst von einer externen

Führungsposition koordiniert, dies zumeist konzeptionslos. Für die Pflegekräfte bedeutet dies oft Alternativlosigkeit in der Qualitätssicherung und Mangel an ökonomischen Spielräumen.

Marianne Rabe weist auf psychische Defizite der Pflegekräfte hin. Sie diagnostiziert ein mangelndes Selbstbewusstsein und ein geschwächtes berufliches Selbstverständnis. Pflegepersonal sollte Mitverantwortung übernehmen. Notwendig ist ebenfalls eine bessere politische Organisation der Pflegekräfte in einem Dachverband.

Letzteres mahnt auch *Erwin Dehlinger* an. Die Pflegekräfte müssen mit einer Stimme sprechen. Oft fehlt ein gewisses Maß an gesundheitspolitischer Kenntnis, um politisch handlungsfähig zu sein.

Martin W. Schnell warnt vor einer Engführung des Pflegebegriffs. Pflege ist mehr als nur der Pflegeberuf. Sie bedeutet auch Pflege in der Familie, Selbstpflege etc. Als ein solches Phänomen muss sie eine eigene Stimme in der Gesellschaft bekommen, auch deshalb, weil der Pflege zukünftig noch größere gesellschaftliche Bedeutsamkeit zukommen wird.

Olaf Scupin berichtet über die Probleme einer einheitlichen Ausbildung des Pflegepersonals. Es gibt derzeit ca. 20 Pflegetheorien. Die Pflegewissenschaft befindet sich noch in einer Gründungsphase ihrer Akademisierung.

Marianne Rabe weist auf die Differenz von Theorie und Praxis hin. Die in einer Grundausbildung vermittelten Theorien erlangen keine Relevanz in der späteren Praxis.

Karl-Friedrich Wessel betont noch einmal die Notwendigkeit eines einheitlichen Auftretens der Pflegenden in einem Fachverband und den Aufbau einer wissenschaftlichen Theorie. Es gibt derzeit nicht 20 Theorien, sondern gar keine. Was stattdessen vorhanden ist, sind gute Konzeptionen und eine gewisse Konsequenz in der Entwicklung der Pflege als einer Wissenschaft. Eine gute Ausbildung muss jedoch nicht an das Vorhandensein einer Theorie gebunden sein. Eine Abhebung der Theorie von der Praxis, also eine gewisse theoretische Differenz zur Praxis ist notwendig, da sonst bestimmte Fragen nicht gestellt werden könnten.

Olaf Scupin weist noch einmal darauf hin, dass es nicht darum geht Feindbilder zwischen Pflege und Medizin, sondern Möglichkeiten der Kooperation zu etablieren.

Abschließend erhielt jeder Podiumsteilnehmer noch einmal die Gelegenheit zu einem zusammenfassenden Statement.

Martin W. Schnell erwartet und erhofft Konzepte aus interdisziplinärer Forschung für die Versorgung der Zukunft und mehr Realismus in der Dokumentation. Kritisch beurteilt er den normativen Diskurs um die Pflegebedürftigkeit. Assessmentinstrumente zu ihrer Einschätzung sind allenfalls Randgesichtspunkte. Was zu pflegen und unterstützen ist, beruht auf Aushandlungsprozessen.

Carola Gold betont die Notwendigkeit eines patientenzentrierten Gesundheitssystems. Dies bedeutet auch, die Eigenpotentiale des Patienten nutzbar zu machen und zu fördern.

Erwin Dehlinger hofft, dass die Ergebnisse wissenschaftlicher Tagungen stärker und schneller in die Versorgungspraxis einfließen und stärker Gehör bei den Entscheidungsträgern in der Gesundheitspolitik finden. Er plädiert für einen lebhafteren Austausch zwischen Wissenschaft, Politik und Praxis.

Marianne Rabe kritisiert eine Verengung des Diskurses durch seine Ökonomisierung und setzt dem Wertorientierung und ethische Reflexion entgegen.

Olaf Scupin fordert die Anerkennung der Hochschulausbildung für die Pflegedienstleitung, sowie eine Politisierung des Pflegepersonals.

Abschließend wünscht sich *Karl-Friedrich Wessel* weitere streitbare Auseinandersetzungen und Debatten, jedoch unter zwei Voraussetzungen: der Beherrschung der eigenen Interessen und der Wahrnehmung der Interessen der Anderen.

3. Zusammenfassung

Das Rundtischgespräch war wenig von Kontroversen, oft jedoch von Gemeinsamkeiten geprägt. Bezüglich der gesundheitspolitischen Debatte wurde Kritik an einer einseitigen Ökonomisierung geübt. Dagegen sollten eine Patienten- und Werteorientierung stärker in das Zentrum der Debatte treten. Förderung wissenschaftlicher Konzepte und die Entwicklung einer einheitlichen Pflegetheorie stellen wichtige Voraussetzungen für die Etablierung und Stärkung einer professionellen Pflege dar. Eine stärkere Integration der Professionen im gesamten Krankenprozess soll Möglichkeiten der Kooperation institutionalisieren und Kompetenzstreitigkeiten vermindern. Ein einheitliches Auftreten der Pflegekräfte als einer politischen Kraft wird notwendig.

Einig war man sich über die zunehmende gesellschaftliche Bedeutung der Pflege als ein anthropologisches Phänomen. Dies stellt unsere Gesellschaft vor die Forderung nach einer besseren Strukturierung gesundheitlicher Versorgungsprozesse und der Förderung und Erschließung von sozialen Ressourcen und Eigenressourcen. Wiederaufleben muss der normative Diskurs um Kriterien der Pflegebedürftigkeit und die Debatte über die Notwendigkeit der Kontrolle erbrachter Leistungen in Form bürokratisierter Verfahren.

Ingmar Flüs
Kommentar zum Vortrag von Claus Bölicke

Im Rahmen des Vortrags wurden folgende Behauptungen aufgestellt:
1. Das Konzept der Selbstsorge wurde mit dem Konzept des Selbstpflegedefizit gleichgesetzt
2. Es besteht eine Analogie des RAI zur Selbstpflegedefizit-Theorie (SPD-T)
3. Durch Anwendung des RAI lassen sich Selbstpflegekompetenzen bzw. Selbstpflegedefizite erfassen

Außerdem wurde während des Vortrags die grundlegende Struktur und Anwendung des RAI skizziert.

Den oben genannten Aussagen muss bei genauerer Betrachtung der Theorien der Selbstpflege und des Selbstpflegedefizits sowie des Resident Assessment Instrumentes (RAI) widersprochen werden. Sieht man genauer auf die geschichtliche Entwicklung des RAI sowie der Selbstpflegedefizit-Theorie (SPD-T), so finden sich keine Berührungspunkte zwischen dem Instrument und der Theorie. Außerdem ist nicht bekannt, dass ein Mitarbeiter sich sowohl bei der Entwicklung der Selbstpflegedefizit-Theorie, als auch später bei der des RAI engagiert hat. Ebenso wurde bei der Entwicklung des RAI nicht angegeben, dass man sich bei der Erstellung auf ein bestimmte Theorie – insbesondere die SPD-T – beruft.

Schaut man das RAI inhaltlich an, so ist dort die Erfassung der ADL= Activities of Daily Living enthalten. Dies lassen sich aber auf die Modelle von Nancy Roper zurückführen und nicht auf die Theorien von Dorothea E. Orem.

Was sind aber hingegen die Kernpunkte der Theorien der Selbstpflege, des Selbstpflegedefizits und der Pflegesysteme? Es geht hierbei um die Handlungen von Personen, somit muss die Diagnostik eine Erfassung und Analyse von Handlungen und nicht allein von Zuständen sein. Beschrieben sind in den Konzepten, Teilkonzepten und Elementen sowie die Beziehungen der Merkmale von Personen, die relevant sind um Selbstpflegetätigkeiten auszuführen und Selbstpflegekompetenz zu entwickeln. Und die Entwicklung von Selbstpflegekompetenz bezieht sich auch nicht nur auf die Bereiche der allgemeinen Selbstpflegeerfordernisse, die man am ehesten noch mit der Betrachtung von ADL gleichsetzen kann. Es entstehen im Laufe des Lebens bei vielen Veränderungen ebenfalls die in den Konzepten formalisierten »Entwicklungsbedingten Selbstpflegerfordernisse« oder, gerade bei geriatrischen Patienten mit Multimorbidität aufgrund der Gesundheitsabweichungen, unzählige »Gesundheitsbedingte Selbstpflegeerfordernisse«. Würde man auch diese Konzepte einzeln beleuchten ist die Gefahr von Fehldiagnosen groß, da auch hier gegenseitige Beeinflussungen vorhanden sind. Um aber den Menschen in seinem Handeln zu erklären und hier, wie es für die Pflege notwendig ist prospektive Aussagen zu treffen, um ein geeignetes Pflegesystem (Selbstpflege-, Dependenzpflege-, professionelles Pflegesystem oder Kombinationen aus diesen) zusammen mit dem Patienten entwickeln zu können, bedarf es zusätzlich des Einbezugs der Theorien anderer Bezugswissenschaften der Pflege, aber auch der Medizin, Psychologie und der Sozialarbeit. Und auch dies wird das Wesen des Menschen, seine Eigenschaften und sein Handeln nicht allein erklären können. Wir erreichen hierdurch immer nur eine schrittweise Verbesserung unserer eingeschränkten Betrachtung der Realität von Menschen.

Unserem Verständnis nach können die Theorien der Selbstpflege und die Theorie der Selbstpflegedefizite Bestandteile des pflegerischen Anteils des interdisziplinär zu beschreibenden Konzeptes der Selbstsorge von Menschen darstellen. Bezieht man die Sichtweise der Humanontogenetik ein, die den Menschen als bio-psycho-soziale Einheit beschreibt, so wird klar, dass andere Berufsgruppen der Humanwissenschaften, der Psychologie sowie der Soziologie zu einem interdisziplinären Diskurs und der Konzeptentwicklung Selbstsorge miteinbezogen werden müssen.

Das Resident Assessment Instrument stellt eine Statuserhebung körperlicher, psychischer und zum Teil auch sozialer Merkmale zu einem bestimmten Zeitpunkt dar. In den Einführungen zum RAI 2.0 zur Beurteilung, Dokumentation und Pflegeplanung in der Langzeitpflege und geriatrischen Rehabilitation sowie des RAI Home Care 2.0, Assessment für die häusliche Versorgung und Pflege, werden als Ziele genannt: »Im Mittelpunkt steht die Beurteilung des *Zustandes*« (Garms-Homolova, V., Gilgen, R., 2000). Weitere Ziele sind:
1. Bestimmung des Rehabilitationspotentials
2. Verbesserung der Pflegequalität und Pflegeplanung
3. Personalbedarfsplanung
4. Kostenberechnung

Beobachtet werden bei der Anwendung des Instrumentes Merkmale wie Bewusstseinsstörungen, Gedächtnis, Erinnerung, Fähigkeit der Kommunikation, Hören, Sehen, sich verständlich machen u.a. Diese Fähigkeiten sind notwendig für Selbstpflege, werden aber entweder als vorhanden oder nicht vorhanden erfasst und können nur fremdbestimmt werden. Eine bewusste Beeinflussung durch die Person ist nur selten möglich und wird auch kaum erfragt.

Ein weiterer Abschnitt befasst sich mit der körperlichen Funktionsfähigkeit. Auch hier erhalten wir Beschreibungen von Fähigkeiten eines Menschen, entweder fremdbestimmt oder anhand von Beschreibungen einfacher, produktiver Handlungen. Wir erfahren nicht, ob dies bewusste, zielgerichtete Handlungen sind (Definition von Selbstpflegetätigkeiten nach D. E. Orem, 1979, S. 236 und Tab. 8.1 S. 237) und bei Fehlen von Handlungen auch nichts von Gründen. Manche Fähigkeiten werden nur durch den Grad der Hilfestellung von Pflegenden beschrieben und eingeteilt. Ein nächster Abschnitt beschäftigt sich mit dem Vorliegen oder der Abwesenheit relevanter Erkrankungen anhand von medizinischen Diagnosen. Es wird nicht beschrieben inwieweit die Person Einfluss auf daraus resultierende Selbstpflegeerfordernisse (Orem, 1979, S. 208–220) nehmen kann oder ob er den situativen Selbstpflegebedarf (Orem, 1979, S. 204–206 und S. 223–228) bewusst wahrnimmt und durch Wissenserwerb, Selbstbeobachtung, Reflexion, Entscheidungen treffen oder produktive Handlungen erfüllt oder nicht. Auch sein Engagement oder seine Motivation hier tätig zu werden wird nicht beurteilt. Diese Art der Beurteilung gilt auch für weitere Felder wie Allgemeiner Gesundheitszustand, Ernährungsstatus, Mund-/Zahnstatus, Zustand der Haut oder der Frage nach notwendigen speziellen Behandlungen nicht verlassen.

Es ist richtig, dass diese Statuserhebung – insbesondere bei geriatrischen Patienten – vor, während und nach einer Rehabilitationsmaßnahme eingesetzt werden kann und diese beschäftigen sich ja grundsätzlich mit der Verbesserung der Erfüllung von Selbstpflegeerfordernissen. Auf keinen Fall aber wird systematisch nach einschätzenden, transitiven und produktiven Handlungen von Personen gesucht, die zur Erfüllung des formalen oder individuellen situativen Selbstpflegebedarfs von Menschen notwendig wären. Auch wird nicht bzw. nicht ausreichend nach weiteren Merkmalen von Personen gefragt, die ebenfalls und manchmal sogar vorrangig die Selbstpflege eines Patienten beeinflussen, zum Beispiel nach den bei Orem formalisierten »Grundlegenden Bedingungsfaktoren« (Orem, 1979 221–222) oder den »Potentialkomponenten« (Orem, 1979, 243). Außerdem werden andere Konzepte der Beschreibung der persönlichen Entwicklung z.B. gemäß Alter, Geschlecht, Gesundheit und auch in Bezug auf die Personalisierung von Menschen in den verschiedenen Phasen ihres Lebens außen vorgelassen. Menschen entwickeln sich in jedem Lebensalter. Auch die Veränderungen im hohen Alter stellen neue Anforderungen dar und müssen von ihnen bewältigt und verarbeitet werden. Es geht hierbei als Ziel nicht um die Kompensation von physiologischen, degenerativen Prozessen des Körpers, die wiederum zu Einschränkungen der im RAI neben ein paar grundlegenden Fähigkeiten erfassten Aktivitäten des täglichen Lebens (ADL= Activities of daily living und IADL) führen.

Diese physiologischen Prozesse im Alter haben zusätzlich auch Einfluss auf die Entwicklung und das Selbstwertgefühl von Personen. Solche Verluste sind häufig bedeutender für den Menschen als einzelne Tätigkeiten nicht mehr selbst ausführen zu können. Diese Dimensionen werden durch den RAI nicht erfasst. Wie oben ausgeführt ist dieser eine reine Zustandserhebung und lässt die beobachteten und betroffenen Personen außen vor.

Die beschriebenen Elemente (und viele andere) finden sich bei Orem in den Grundlegenden Dispositionen und Fähigkeiten (Orem, 1979a, 241, Tab. 6.2) wieder. Anhand der dort benannten Elemente sieht man die lückenhafte Betrachtung des RAI in diesen Aspekten, die aber grundlegende Faktoren für die Entwicklung von Potentialkomponenten und die Ausführung von Selbstpflegetätigkeiten zur Erfüllung des situativen Selbstpflegebedarfs darstellen.

Fazit:
Eine Diagnostik hat schon von der Herkunft des Wortes aus dem Griechischen das Ziel Unterscheidungen zu treffen. In der Medizin wird dies meist symptomgeleitet begonnen, durch eine symptomgesteuerte, unter Einbezug von evidentem Wissen, Theorien und Modellen der Humanwissenschaften Anamnese fortgeführt und je nach Bedarf durch bildgebende Verfahren, Bestimmung von Laborparametern oder Techniken der Inspektion, Auskultation und Palpation ergänzt. Am Ende der Erfassung all dieser Merkmale einer Patientensituation entsteht dann die Diagnose aus medizinischer Sicht.

Das Resident Assessment Instrument hilft strukturiert nach bestimmten grundlegenden Fähigkeiten oder oft auftretenden pflegerelevanten Problematiken oder Erkrankungen von älteren Personen zu suchen. Es bleibt aber trotz der Erfassung von ca. 250 Merkmalen auf der Stufe der Erfassung von Symptomen und leitenden Erscheinungsbildern stehen. Aus der Dokumentation des RAI lassen sich weder die Zusammenhänge und gegenseitige Beeinflussung von Merkmalen erkennen, noch wird die gegenseitige Beeinflussung dieser Merkmale und der betrachteten Person in seiner aktuellen Lebenssituation und seinem Umfeld beschrieben oder untersucht. Ebenfalls fehlt die Untersuchung und Beschreibung in welchem Ausmaß, auf welche Art und Weise der Mensch Einfluss auf diesen Zustand nimmt und welches seine persönlichen Zielsetzungen hierfür sind. Das RAI ist eindimensional.

Für eine weitere pflegerische Diagnostik im Sinne der Selbstpflege oder der Selbstpflegedefizite müssen also während der Befunderhebung und im weiteren Verlauf der Pflege alle beim Menschen vorhandenen Faktoren anhand der Strukturkonzepte, Teilkonzepte und Elemente der Selbstpflege beleuchtet werden. Erst nach der Erfassung und Bewertung der relevanten Merkmale und ihren gegenseitigen Beeinflussungen lassen sich dann Aussagen über Selbstpflegehandlungen aller Arten, die Selbstpflegekompetenz, das Selbstpflegedefizit, das Selbstpflegesystem als Ganzes, den Pflegebedarf und die Art des notwendigen Pflegesystems treffen. Hierbei wird durch den Einbezug des Menschen in den diagnostischen Prozess Mehrdimensionalität erreicht.

Pflegediagnostik – insbesondere bei Betrachtung der Selbstpflege von Personen sollte als Dialog formuliert werden. D.h. dass die betroffenen Personen nicht nur Gegenstand der Diagnostik, sondern auch Teilhaber des Vorgehens sind. Dieses muss bekannt gegeben werden, um auch diesen Einfluss bei der Erstellung der Pflegediagnose für Dritte nachvollziehbar zu machen.

Es existieren zur Unterstützung dieser Aspekte (selbst-)pflegerischer Diagnostik bereits Assessmentinstrumente wie z.B. der WASVOB (Wittener Aktivitätenkatalog der Selbstpflege von Patienten mit Venös Offenen Beinen) von Frau Professor E.-M. Panfil (Fachhochschule Frankfurt) oder die Messinstrumente aus dem Buch »Professionelle Selbstpflege« von Professor Georges C. M. Evers. Zahlreiche andere Instrumente sind in der Literatur zu finden und werden entwickelt. Diese Instrumente können aber auch nur lediglich eine Übersicht über die Selbstpflege von Patienten in bestimmten Gesundheitssituationen geben oder zum Screening von Patientensituationen eingesetzt werden. Für die Durchführung einer Differentialdiagnostik mit einer abschließenden pflegerischen Diagnose bedarf es aber – wie oben ausgeführt – der Kenntnis und Anwendung vorhandenen theoretischen Wissens sowie der praktischen Erfahrungen von Pflege. Das anzuwendende theoretische Wissen resultiert hierbei sowohl aus dem pflegespezifischen Wissen über den Gegenstandsbereich und dem handlungstheoretischen Strukturrahmen von Pflege als auch aus relevantem Wissen nicht pflegerischer Bezugswissenschaften. Diese Form der Diagnostik stellt synonym zur Medizin einen Teil pflegerischer Kunstfertigkeit dar. Meiner Meinung nach stehen wir erst am Anfang eines Diskurses und der Entwicklung von Pflegediagnostik.

Für eine umfassende Diagnostik oder Beschreibung der Selbstsorge eines Menschen müsste man sogar einen noch weiter reichenden Bezugsrahmen definieren. Wie bereits erwähnt, kann dies nur interdisziplinär erfolgen und das Ergebnis wird meiner Meinung nach auch nur ein kleiner Ausschnitt der Realität sein.

Dennoch kann ein interdisziplinäres Verständnis des Konzeptes der Selbstsorge einem gemeinsamen Streben aller beteiligten Berufsgruppen helfen, die Handlungen als Akteure einzeln und gemeinsam zu verbessern. Gemeinsames Ziel ist das Erreichen und die Erhaltung von Gesundheit aller Qualitäten, sowie von Lebensqualität und Wohlbefinden des Menschen.

Literatur

Evers, G. C. M. (2002). Professionelle Selbstpflege. Einschätzen – messen – anwenden. (Erste Auflage). Bern: Verlag Hans Huber.
Garms-Homolova, V., Gilgen, R. (2000). Resident Assessment Instrument. Beurteilung Dokumentation und Pflegeplanung in der Langzeitpflege und geriatrischen Rehabilitation. RAI 2.0. (Zweite Auflage). Bern: Verlag Hans Huber.
Garms-Homolova, V., Gilgen, R. (2002). Assessment für die häusliche Versorgung und Pflege, Resident Assessment Instrument – Home Care. RAI 2.0 HC (Erste Auflage). Bern, Göttingen,Toronto,Seattle: Verlag Hans Huber.
Orem, D. E. (1979). Strukturkonzepte der Pflegepraxis. Dt. Ausgabe hrsg. von Gerd Bekel. Berlin, Wiesbaden: Verlag Ullstein Mosby.
Orem, D. E. (1979a). Nursing Development Conference Group. Concept Formalization. In Nursing. Process and Product. (Second Edition). Boston: Verlag Little Brown and Company.
Orem, D. E. (2001). Nursing – Concepts of practice (Sixth Edition). St. Louis, Missouri: Mosby Inc.
Panfil, E. M. (2003). Messung der Selbstpflege bei Ulcus cruris venosum. (Erste Auflage). Bern, Göttingen, Toronto, Seattle: Verlag Hans Huber.

Gabriele Ellwanger

Anmerkungen

Insgesamt hat die Tagung in mir viele unterschiedliche Eindrücke hinterlassen, sowohl richtunggebende als auch weitere selbstreflektierende Möglichkeiten angeboten. Zu den Ausführungen von Hr. Wessel, Hr. Dehlinger und Hr. Schnell möchte ich unbedingt einige meiner Gedanken äußern.

Zunächst ist mir die Dokumentation wichtig. Wir dokumentieren gegenwärtig vielfach quantitativ. Inhaltliche Aussagen von Handlungen zum prozesshaften Pflegegeschehen sind kaum zu finden. D.h. inhaltliche Abbildungen des täglichen Pflegeprozesses finden in die Dokumentation kaum Zugang. Dieser wird vielmehr von der Dokumentationspflicht der täglichen Tätigkeitsnachweise dominiert, bzw. unterdrückt. Dabei frage ich mich, ob jemals in irgendeiner Form gemessen wurde inwieweit diese Nachweise als das von Hr. Dehlinger angepriesene Kontrollinstrument, für durchgeführte Pflegehandlungen, taugen? Ob die vertraglich vereinbarten Pflegeaufgaben fachgerecht verrichtet werden sieht das geschulte Auge des MDK oder die Kollegin der Pflegevisite und letztendlich auch der Arzt, der Patient und seine Angehörigen. Pflegeberater könnten dies mit beurteilen. Viel wichtiger und richtiger ist die Niederschrift was warum wie gemacht wurde. Erfasst und regt nicht das vielmehr die gewissenhafte Beobachtung und Reflexion des Tuns und damit die Kreativität des Denkens der Mitarbeiter an? Ich frage mich ernsthaft, ob sich ein Kassenmitarbeiter vorstellen kann was es für einen 92 jährigen Patienten bedeutet auf einem Monatsbogen bis zu 5x unterschreiben zu müssen. Er sieht kaum noch, kann den Stift kaum halten, macht oft Kreuzchen weil die Feinmotorik versagt etc. Für das Pflegepersonal ist es nur eine unnötige Last diese Tätigkeitsnachweise führen zu müssen. Aus meiner Sicht sind sie keinesfalls ein Beleg für Qualität. Viel sinnvoller wäre die inhaltliche Darstellung der Pflegegeschehens mit Bezug zur Pflegeplanung. Es würde die sachliche Evaluierung erleichtern und gleichzeitig das Geschehen prozesshaft lebendig halten.

Jetzt einige Worte zur Umsetzung der Selbstsorge und Selbstpflege. Als grundlegend für die Bewältigung aller Aufgaben die aus der Intention der Selbstsorge kommen und in das berufliche Selbstverständnis der helfenden Berufsgruppen sinken sollten, betrachte ich die Fähigkeit des Menschen sich selbst und seinen Mitmenschen zu trauen und zu vertrauen. Ich spreche gegen die zurzeit vorherrschende Kultur des Misstrauens mit all seinen Blüten bis hin zum Kontrollwahn. Ich plädiere für eine vertrauensbildende Unternehmenskultur, in der nicht nur der Pflegling, sondern genauso der Mitarbeiter im Mittelpunkt steht. Das soll natürlich nicht zu einem leichtfertigen Gutmenschendenken führen aber wohl doch Grundlage sein dürfen für erfolgreiche und würdige Entfaltungsmöglichkeiten auf beiden Seiten, eben auch im Angesicht von Selbstsorge und Selbstpflege. Dabei spielen Fragen der Gewissensbildung keine unerhebliche Rolle.

Einen zweiten sehr wichtigen Aspekt sehe ich im Zusammenhang mit Selbstsorge und Selbstpflege, in der Aufklärung der Bevölkerung/im kleineren Stil der Patienten. Die Bewusstmachung des Zugewinns an Freiheit im Umgang mit sich selbst und anderen als erstrebenswerte Bereicherung des Lebens muss vermittelt werden. Dem gegenüber steht die Herausbildung und richtige Einschätzung der Fähigkeiten und Kompetenzen des Einzelnen und ggf. seiner Angehörigen, im konkreten Fall.

Damit habe ich als nächstes Element bereits die Aufklärung und Patientenschulung im Auge. Ich suche also nach Strukturen, wie es wohl zu meistern ist, das nötige Wissen für eine angemessene Pflege auf der Grundlage der Selbstsorge/-pflege, an den »Mann« zu bringen. Ich denke, dass auch die Politik gefordert ist, tätig zu werden. Sie kann und darf Kürzungen im Gesundheitsbereich nicht ohne Lösungsmodell für daraus entstehende Probleme durchsetzten. Dafür hat sie dem Bürger gegenüber zuviel Verantwortung. Sie hat ihre Ministerien, eben auch das für Bildung und Kultur als ein Transmitter zum Volk. Zum anderen muss nicht auch unsere Profession viel lauter werden? Für mich ist die Klärung der angesprochenen Aspekte wichtig, besonders im Hinblick der Wahrung und Entfaltungsmöglichkeit der Würde des Menschen auch unter pflegebedürftigen Bedingungen, was eine Kostenminimierung im Gesundheitsbudget nicht zwingend ausschließen muss.

Es läuft in Freiburg bereits das groß angelegte Projekt der Abgabe des patientenorientierten Budgets zum Selbsteinkauf von Pflegeleistungen. Es wäre schön, wenn wir in irgendeiner Form über die Entwicklungen und Verläufe dieses Großprojektes informiert werden könnten. Ich denke, dass ich damit auf einem guten Weg bin Selbstsorge und Selbstpflege bereits in der Praxis zu sehen.

Autorenverzeichnis

Bekel, Gerd
Institut für Pflegediagnostik und Praxisforschung GbR,
August-Hinrichs-Str. 3c, 49661 Cloppenburg

Bölicke, Claus
Graduiertenkolleg Multimorbidität im Alter und
ausgewählte Pflegeprobleme,
Zentrum 1 für Human- und Gesundheitswissenschaften,
Charité – Universitätsmedizin Berlin,
Luisenstraße 13, 10117 Berlin

Diesner, Thomas, M.A.
Projekt Humanontogenetik, Philosophische Fakultät IV,
Humboldt-Universität zu Berlin,
Mohrenstr. 40/41, 10117 Berlin

Ellwanger, Gabriele
Bochumer Weg 2, 96253 Scherneck

Flüs, Ingmar
Pflegedirektion, Universitätsklinikum Ulm,
Albert-Einstein-Allee 29, 89081 Ulm

François-Kettner, Hedwig
Pflegedirektorin, Charité – Universitätsmedizin Berlin,
Charitéplatz 1, 10117 Berlin

Lehmann, Monika, Dr.
Holzmarktstr. 7, 10179 Berlin

Mitzkat, Anika, BSc
Institut für Pflegewissenschaft, Fakultät für Medizin,
Universität Witten/Herdecke gGmbH
Stockumer Str. 12, 58453 Witten

Nehoda, Hans, Dr.
Schweriner Str. 4, 49143 Bissendorf

Rabe, Marianne
Gesundheitsakademie, Charité – Universitätsmedizin Berlin,
Charitéplatz 1, 10117 Berlin

Richert, Ulrike
Pflegedirektorin, Deutsches Herzzentrum Berlin,
Augustenburger Platz 1, 13353 Berlin

Schnell, Martin W., Prof. Dr.
Institut für Pflegewissenschaft, Fakultät für Medizin,
Universität Witten/Herdecke gGmbH
Stockumer Str. 12, 58453 Witten

Schulz, Jörg, Dr.
Projekt Humanontogenetik, Philosophische Fakultät IV,
Humboldt-Universität zu Berlin,
Mohrenstr. 40/41, 10117 Berlin

Scupin, Olaf, Prof. Dr.
Georg-Streiter-Institut für Pflegewissenschaft,
Fachbereich Sozialwesen, Fachhochschule Jena,
Postfach 100314, 07703 Jena

Wessel, Karl-Friedrich, Prof. Dr. sc. phil.
Projekt Humanontogenetik, Philosophische Fakultät IV,
Humboldt-Universität zu Berlin,
Mohrenstr. 40/41, 10117 Berlin

Berliner Studien zur Wissenschaftsphilosophie & Humanontogenetik

Bisher in der Reihe erschienen:

Band 1:
K.F. Wessel/H.A.G. Bosinski (Hrsg.): **Interdisziplinäre Aspekte der Geschlechterverhältnisse in einer sich wandelnden Zeit.**
1992, 320 Seiten, ISBN 3-89370-153-2, € 18,50 / SFr 33,10

Band 2:
K.F. Wessel (Hrsg.): **Technik und Menschenbild im Spiegel der Zukunft. Wissenschafts- und Technikentwicklung – Fragen unserer Zeit.**
1992, 144 Seiten, ISBN 3-89370-154-0, € 13,50 / SFr 24,80

Band 3:
K.F. Wessel (Hrsg.) unter Mitarbeit von W. Förster und R.-M.E. Jacobi: **Herkunft, Krise und Wandlung der modernen Medizin.** Kulturgeschichtliche, wissenschaftsphilosophische und anthropologische Aspekte.
1994, 518 Seiten, ISBN 3-89370-161-3, € 28,50 / SFr 50,30

Band 4:
K.F. Wessel/F. Naumann/M. Lehmann (Hrsg.): **Migration.**
1993, 258 Seiten, ISBN 3-89370-157-5, € 16,80 / SFr 30,30

Band 5:
K.F. Wessel/W. Ebert/G. Eggers/C. Lost (Hrsg.): **Lebensbildung in Europa zwischen Utopie und Wirklichkeit.**
1994, 506 Seiten, ISBN 3-89370-162-1, € 28,50 / SFr 50,30

Band 6:
K.F. Wessel/F. Naumann (Hrsg.): **Kommunikation und Humanontogenese.** Entwicklungsgeschichte und Perspektiven menschlicher Kommunikation.
1994, 592 Seiten, ISBN 3-89370-163-X, € 35,00 / SFr 60,70

Band 7:
K.F. Wessel/F. Naumann (Hrsg.): **Verhalten. Informationswechsel und organismische Evolution** – zu Person und Wirken Günter Tembrocks –.
1994, 280 Seiten, ISBN 3-89370-164-8, € 17,90 / SFr 32,00

Band 8:
K.F. Wessel/M. Mortag/W. Ebert/L. Eckinger (Hrsg.): **Bildungstheoretische Herausforderungen.** Beiträge der Interdisziplinären Sommerschulen 1990 bis 1993.
1996, 408 Seiten, ISBN 3-89370-172-9, € 25,00 / SFr 44,20

Kleine Verlag

Postfach 10 16 68   33516 Bielefeld

Berliner Studien zur Wissenschaftsphilosophie & Humanontogenetik

Bisher in der Reihe erschienen:

Band 9:
K.F. Wessel/G.-O. Möws (Hrsg.): **Wie krank darf der Gesunde sein?** Zum Menschenbild von Psychologie und Medizin. Eine interdisziplinäre Begegnung.
1996, 226 Seiten, ISBN 3-89370-173-7, € 18,50 /SFr 33,10

Band 10:
F. Kleinhempel/A. Möbius/H.-U. Soschinka/M. Waßermann (Hrsg.): **Die Biopsychosoziale Einheit Mensch – Begegnungen –.** Festschrift für Karl-Friedrich Wessel.
1996, 655 Seiten, ISBN 3-89370-242-3, € 42,50 / SFr 74,10

Band 11:
Siegfried Paul: **Die Moskauer mathematische Schule um N.N. Lusin.** Entstehungs- und Entwicklungsgeschichte – Arbeitsprinzipien – Zerfall.
Unter besonderer Berücksichtigung der Kampagne gegen Lusin im Sommer 1936.
1997, 236 Seiten, ISBN 3-89370-246-6, € 20,50 / SFr 36,40

Band 12:
Hans-Dieter Schmidt: **Texte zwischen Ja und Nein.** Selbstbefragung eines DDR-Psychologen.
1997, 142 Seiten, ISBN 3-89370-245-8, € 14,50 / SFr 26,50

Band 13:
Hildegard Heise: **Die Urbeweglichkeit des Menschen.** Wo sich Gesellschaftstheorie, Gehirnforschung und Geschlechtertheorie berühren.
1997, 188 Seiten, ISBN 3-89370-262-8, € 20,00 / SFr 35,50

Band 14:
Hartmut Rothgänger: **Bioakustik des Menschen.** Eine Gesamtdarstellung der nonverbalen und verbalen Kommunikation.
1999, 264 Seiten, ISBN 3-89370-294-6, € 24,00 / SFr 42,60

Band 15:
Walther Umstätter, Karl-Friedrich Wessel (Hrsg.): **Interdisziplinarität – Herausforderung an die Wissenschaftlerinnen und Wissenschaftler.**
Festschrift zum 60. Geburtstag von Heinrich Parthey.
1999, 286 Seiten, ISBN 3-89370-277-6, € 24,80 / SFr 43,90

Kleine Verlag

Berliner Studien zur Wissenschaftsphilosophie & Humanontogenetik

Bisher in der Reihe erschienen:

Band 16:
Günter Dörner, Klaus-D. Hüllemann, Günter Tembrock, Karl-Friedrich Wessel, Kurt S. Zänker (Hrsg.): **Menschenbilder in der Medizin – Medizin in den Menschenbildern.**
1999, 910 Seiten, ISBN 3-89370-318-7, € 72,80 / SFr 122,90

Band 17:
Karl-Friedrich Wessel, Jörg Schulz, Sabine Hackethal (Hrsg.):
Ein Leben für die Biologie(geschichte). Festschrift zum 75. Geburtstag von Ilse Jahn.
2000, 236 Seiten, ISBN 3-89370-310-1, € 22,50 / SFr 39,90

Band 18:
Jörg Schulz: **Aldous Huxley und die menschliche Vielfalt.**
Der Homo sapiens in der Literatur eines Naturwissenschaftsbesessenen.
2000, 164 Seiten, ISBN 3-89370-340-3, € 19,50 / SFr 34,70

Band 19:
Karl-Friedrich Wessel, Kurt S. Zänker, Günter Dörner, Günter Tembrock, Friedrich Vogel (Hrsg.): **Genom und Umwelt**
2001, 160 Seiten, ISBN 3-89370-350-0, € 19,80 / SFr 35,20

Band 20:
Hildegard Heise: **Umkehren und wie ein Kind werden.** Die aktuelle Bedeutung der Neotenie der Menschheit.
2002, 240 Seiten, ISBN 3-89370-367-5, € 22,80 / SFr 40,50

Band 21:
Olaf Scupin: **Pflegebedürftig – Herausforderung oder das „Ende" des Lebens?** Der Entwurf einer subjektiven Theorie der Pflegegbedürftigkeit.
2003, 212 Seiten, ISBN 3-89370-379-9, € 23,50 / SFr 41,60

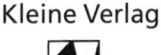

Kleine Verlag

Postfach 10 16 68   33516 Bielefeld